永恆的经典

警示后人的1000条
中华古训

毕军/编

天津出版传媒集团

天津科学技术出版社

图书在版编目（CIP）数据

警示后人的 1000 条中华古训 / 毕军编 . -- 天津：天津科学技术出版社，2010.8（2024.5 重印）

（永恒的经典）

ISBN 978-7-5308-5842-4

Ⅰ.①警… Ⅱ.①毕… Ⅲ.①格言 - 汇编 - 中国 - 古代 Ⅳ.① H136.3

中国版本图书馆 CIP 数据核字（2010）第 126636 号

警示后人的 1000 条中华古训

JINGSHIHOUREN DE 1000TIAO ZHONGHUA GUXUN

责任编辑：王　璐

责任印制：刘　彤

出　　版：	天津出版传媒集团
	天津科学技术出版社

地　　址：天津市西康路 35 号

邮　　编：300051

电　　话：（022）23332399

网　　址：www.tjkjcbs.com.cn

发　　行：新华书店经销

印　　刷：三河市同力彩印有限公司

开本 710×1000　1/16　印张 14　字数 200 000

2024 年 5 月第 1 版第 2 次印刷

定价：59.00 元

前　言

"古训"一词，最早出自两千多年前的《诗经》，本义指的是流传下来的典籍或者可以作为指导人们思想和行为准则的话。"人求多闻，时惟建事。学于古训，乃有获。"这是殷商时期的宰相傅说对殷王武丁说的一句话。大意是：人们追求知识，是想建功立业。假如人们能够按照古人的教诲去做，那么就一定会有收获。

随着时光的流逝，这些圣哲先贤早已离开我们。所幸的是，他们为我们留下了大量的至理名言。

本书从浩瀚如烟的经、史、子、集中精选了千余条至今还对人们有着积极意义的古训，上起先秦，下至清末，涵盖了中华几千年历史长河中名人、名著、名篇中的警句、格言、联语等精华。所选古训，字字精辟，句句实用，指导人生从读书、修身养性，到立身处世、治家教子、为官理政、经商贸易，以及正确对待人生、名利得失、生死等等问题，蕴含着取之不尽、用之不竭的人生经验。男女老少，即便随意翻阅，都会得到无尽的启迪和教益。

目录
CONTENTS

自我反省	1
发奋自强	11
自我约束	23
修身养性	43
处世交友	63
功名利禄	73
谦虚谨慎	86
以民为本	99
德法兼治	110
忠于职守	124
仁政礼治	138
任用贤人	148

创业立家　164

谨慎守业　169

勤俭持家　173

积贮有方　177

勤劳俭朴　180

家庭教养　186

社会教育　198

社会规约　203

读书治学　208

自我反省

——警示后人的1000条中华古训

祸莫大于不知足,咎莫大于欲得。

先秦 《老子》

名与声孰亲?身与货孰多?得与亡孰病?是故甚爱必大费,多藏必厚亡。知足不辱,知止不殆,可以长久。

先秦 《老子》

唯之与阿,相去几何?善之与恶,相去何若?人之所畏,不可不畏;荒兮其未央哉!众人熙熙,如享太牢,如春登台;我独泊兮其未兆,如婴儿之未孩,儡儡兮若无所归。①众人皆有余,而我独若遗。我愚人之心也哉?沌沌兮!②俗人昭昭,我独昏昏;俗人察察,③我独闷闷。忽兮其若晦,漂兮若无所止。众人皆有以,而我独顽似鄙。我独异于人,而贵得母。④

【注释】①儡儡:颓丧的样子。②沌沌:混沌无知的样子。③察察:分析明辨的意思。④母:此指道。道为天下母之母;道者人君之所恃以生,犹婴儿之仰乳于母。

先秦 《老子》

知其愚者,非大愚也;知其惑者,非大惑也。大惑者,终身不解;大愚者,终身不灵。

先秦庄周 《庄子》

孔子曰:"见善如不及,见不善如探汤。吾见其人矣,吾闻其语矣。隐居以求其志,行义以达其道。吾闻其语矣,未见其人也。"

先秦　《论语》

颜渊问仁。子曰:"克己复礼为仁。一日克己复礼,天下归仁焉,为仁由己,而由人乎哉?"

颜渊曰:"请问其目。"①子曰:"非礼勿视,非礼勿听,非礼勿言,非礼勿动。"

颜渊曰:"回虽不敏,请事斯语矣。"

【注释】①目:条目;和纲领相对。

先秦　《论语》

孔子曰:"君子有三戒:少之时,血气未定,戒之在色;及其壮也,血气方刚,戒之在斗;及其老也,血气既衰,戒之在得。"

先秦　《论语》

子曰:"饭疏食饮水,①曲肱而枕之,②乐亦在其中矣。不义而富且贵,于我如浮云。"

【注释】①饭疏食饮水:意即吃粗粮,喝冷水。②肱:胳膊。

先秦　《论语》

子曰:"圣人,吾不得而见之矣;得见君子者,斯可矣。"

子曰:"善人,吾不得而见之矣;得见有恒者,①斯可矣。亡而为有,②虚而为盈,约而为泰,③难乎有恒矣。"

【注释】①恒:长久;固定不变。②亡:即无。③泰:用度豪华而不吝惜。

先秦　《论语》

人能正静，皮肤裕宽，耳目聪明，筋伸而骨强。乃能戴大圆而履大方，鉴于大清，视于大明。敬慎无忒，日新其德，遍知天下，穷于四极。敬发其光，是谓内德。然而不反，此生之忒。

先秦　《管子》

孟子曰："养心莫善于寡欲。其为人也寡欲，虽有不存焉者，寡矣；其为人也多欲，虽有存焉者，寡矣。"

先秦孟轲　《孟子》

孟子曰："子路，人告之以有过，则喜。禹闻善言，则拜。大舜有大焉，①善与人同，舍己从人，乐取于人以为善。自耕稼、陶、渔，以至为帝，无非取于人者。取诸人以为善，是与人为善者也。故君子莫大乎与人为善。"

【注释】①有，同"又"。

先秦孟轲　《孟子》

孟子曰："自暴者，①不可与有言也；自弃者，不可与有为也。②言非礼义，谓之自暴也；吾身不能居仁由义，谓之自弃也。仁，人之安宅也；义，人之正路也。旷安宅而弗居，舍正路而不由，哀哉！"

【注释】①暴，害。②有言："有善言"之意。有为：有所作为之意。

先秦孟轲　《孟子》

孟子曰："君子深造之以道，欲其自得之也。自得之，则居之安；居之安，则资之深；资之深，则取之左右逢其原，故君子欲其自得之也。"

先秦孟轲　《孟子》

天下之行术，①以事君则必通，以为仁则必圣，立隆而勿贰也。②然后恭敬以先之，忠信以统之，慎谨以行之，端悫以守之，③顿穷则疾力以申重之，君虽不知，无怨疾之心；功虽甚大，无伐德之色；省求多功，④爱敬不倦：如是则常无不顺矣。以事君则必通，以为仁则必圣，夫是之谓天下之行术。

【注释】①行术：通行之术。②隆：隆礼。立隆：尊崇于礼。勿贰，专一。③悫：诚。④省求多功：省求，所求之名利少。多功，所建之功绩多。

先秦荀况　《荀子》

儒有居处齐难，其坐起恭敬，言必先信，行必中正，道途不争险易之利，冬夏不争阴阳之和。爱其死以有待也，养其身以有为也，其备豫有如此者。

儒有不宝金玉，而忠信以为宝，不祈土地，立义以为土地，不祈多积，多文以为富，难得而易禄也，易禄而难畜也。非时不现，不亦难得乎？非义不合，不亦难畜乎？先劳而后禄，不亦易禄乎？其近人有如此者。

儒有委之以货财，淹之以乐好，见利不亏其义；劫之以众，沮之以兵，见死不更其守。鸷虫攫搏不程勇者，①引重鼎不程其力。往者不悔，来者不豫，过言不再，流言不极，不断其威，不习其谋，其特立有如此者。

【注释】①程：显示。

先秦　《礼记》

君子素其位而行，①不愿乎其外，素富贵，行乎富贵；素贫贱，行乎贫贱；素夷狄，行乎夷狄；素患难，行乎患难；君子无入而不自得焉。在上位不陵下，在下位不援上，正己而不求于人则无怨。上不怨天，下不尤人。故君子居易以俟命，小人行险以徼幸。子曰："射有似乎君子；失诸正鹄，②反求诸其身。"

【注释】①素其位：谓安于素常所处的地位，即"安分守己"。②鹄：箭靶的中心。

先秦　《礼记》

所谓诚其意者：毋自欺也，如恶恶臭，如好好色，此之谓自谦，故君子必慎其独也。小人闲居为不善，无所不至，见君子而后厌然，掩其不善而著其善。人之视己，如见其肺肝然，则何益矣！此谓诚于中，形于外，故君子必慎其独也。

曾子曰："十目所视，十手所指，其严乎？"富润屋，德润身，心广体胖，故君子必诚其意。

先秦 《礼记》

士议之不可辱者大之也，大之则尊于富贵也，利不足以虞其意矣。虽名为诸侯，实有万乘，不足以挺其心矣。①诚辱则无为乐生。若此人也，有势则必不自私矣，处官则必不为汙矣，将众则必不挠北矣，忠臣亦然。苟便于主利于国，无敢辞违杀身出生以徇之。②国有士若此，则可谓有人矣。若此人者固难得，其患难得之有不智。

【注释】①挺：动；动摇。②出生：即弃生。

先秦 《吕氏春秋》

凡司其身，必慎五本：一曰柔以仁，二曰诚以信，三曰富而贵毋敢以骄人，四曰恭以敬，五曰宽以静。思此五者，则无凶命。曰：能治敬以助天时，凶命不至而祸不来。敬人者非敬人也，自敬也；贵人者非贵人也，自贵也。

汉 刘向《说苑》

仲尼曰：汤、武非一善而王也，桀、纣非一恶而亡也。三代之废兴也，在其所积。积善多者，虽有一恶，是为过失，未足以亡。积恶多者，虽有一善，是为误中，未足以存。人君闻此，可以悚惧；布衣闻此，可以改容。是故君子战战栗栗，日慎一日，克己三省，不见是图。①孔子曰："善不积不足以成名，恶不积不足以灭身。小人以小善谓无益而不为也，以小恶谓无伤而不去也，是以恶积而不可掩，罪大而不可解也。"

【注释】①不见是图：意为图谋不易见的细微之处。见，同"现"。

汉　王符《潜夫论》

盖崇德莫盛乎安身，安身莫大乎存政，存政莫重乎无私，无私莫深乎寡欲。是以君子安其身而后动，易其心而后语，定其交而后行。然则动者，吉凶之端也；语者，荣辱之主也；求者，利病之几也；行者，安危之决也。故君子不妄动也，必适于道；不徒语也，必经于理；不苟求也，必造于义；不虚行也，必由于正。夫然用能免或击之凶，厚自天地之祐，故身不安则殆，言不顺则悖，交不审则惑，行不笃则危。四者存乎中，则患忧接乎外矣。忧患之接，必生于自私，而兴于有欲。自私者，不能成其私；有欲者，不能济其欲，理之至也。

三国·魏　王粲《安身论》

细微可不慎，堤溃自蚁穴。腠理早从事，①安复劳针石。哲人睹未形，愚夫暗明白。曲突不见宾，焦烂为上客。思愿献良规，江海倘不逆。狂言虽寡善，犹有如鸡跖，②鸡跖食不已，齐王为肥泽。

【注释】①腠理：中医指皮下与肌肉之间的空隙和皮肤的纹理。②鸡跖：指鸡的足踵。其意是说鸡跖虽微不足道，但食之不已也能养生发胖。

三国·魏　应璩《百一诗》

夫富贵声名，人情所乐，而君子或得而不处，何也？恶不由其道耳。患人知进而不知退，知欲而不知足，故有困辱之累，悔吝之咎。语曰："如不知足，则失所欲。"故知足之足常足矣。览往事之成败，察将来之吉凶，未有干名要利，欲而不厌，而能保世持家，永全福禄者也。欲使汝曹立身行己，遵儒者之教，履道家之言，故以玄默冲虚为名，欲使汝曹顾名思义，不敢违越也。古者盘杅有铭，几杖有诫，俯仰察焉，用无过行；况在己名，可不戒之哉！

晋　陈寿《三国志》

兰叶春葳蕤，①桂华秋皎洁。欣欣此生意，自尔为佳节。②谁知林栖者，闻风坐相悦。③草木有本心，何求美人折？

【注释】①葳蕤：草木茂盛枝叶下垂的样子。②自尔：各自如此。③林栖者：住在林中的人。风：风致。坐：因。

唐　张九龄《感遇》

元子以为人之惑也，惑于邪、惑于佞、惑于奸恶、惑于凶暴，不如惑于狂、惑于诞、惑于玩弄、惑于谐戏者尔。……

元子以为人之贪也，贪于权、贪于位、贪于取求、贪于聚积，不如贪于德、贪于道、贪于闲和、贪于静顺者尔。

元子以为人之溺也，溺于声、溺于色、溺于圆曲、溺于妖妄，不如溺于仁、溺于让、溺于方直、溺于忠信者尔。

唐　元结《元次山集》

大时不齐，大信不约，大白若辱，大直若屈。此四者，先圣之格言，后学之彝训；有国者，酌之以行化也；立身者，践之以修己也。

唐　白居易《白居易集》

夫坏名灾己，辱先丧家。其失尤大者五，宜深志之。其一，自求安逸，靡甘淡泊，苟利于己，不恤人言。其二，不知儒术，不悦古道，懵前经而不耻，论当世而解颐，①身既寡知，恶人有学。其三，胜己者厌之，佞己者悦之，唯乐戏谭，莫思古道。闻人之善嫉之，闻人之恶扬之，浸渍颇僻，销刻德义，簪裾徒在，厮养何殊？其四，崇好慢游，耽嗜曲蘖，以衔杯为高致，以勤事为俗流，习之易荒，觉之难悔。其五，急于名宦，昵近权要，一资半级，虽或得之，众怒群猜，鲜有存者。兹五不是，甚于痤疽。痤疽则砭石可瘳，五失则巫医莫及。前贤炯戒，方册俱存；近代覆车，闻见相接。

【注释】①解颐：颐，面颊。解颐，大笑，欢笑。

五代　刘昫《旧唐书传》

孙思邈常言："忧于身者不拘于人，畏于己者不制于彼，慎于小者不惧于大，戒于近者不侈于远。"如此则人事毕矣。

宋　吕本中《官箴》

责己者，可以成人之善；责人者，适以长己之恶。喜、怒、哀、乐、爱、恶、欲，一有动于心，则气便不平；气既不平，则发言多失。七者之中，惟怒为难治，又偏招患难。须于盛怒时，坚忍不动，俟心气平时，审而应之，庶几无失。忿气剧，炎火焚，如徒自伤触，来勿与竞，事过心清凉。

天地间，当大著心，不可拘于气质，局于一己，贫贱忧戚，不可过于陨获。

元　许衡《许鲁斋集》

圣学以敬为本者，敬可以去昏惰、正邪僻、除杂乱、立大本。圣贤工夫虽多，莫切要如敬字。敬有自畏慎底意思，敬有肃然自整顿底意思，敬有卓然精明底意思，敬有湛然纯一底意思。故圣学就此做根本，凡事都靠著此做去，存养省察皆由此。……主一，主是专主之主，一是一于此而不他适。纯一，不杂之一。初学难得如此。故程子只教整齐严肃，则心便一。戒慎恐惧，是闲邪工夫，才戒慎恐惧，心便一。常戒慎恐惧，则心常一。常整齐严肃，则心常一。

明　胡居仁《居业录》

泾野先生尝言御史有九病：见善忘举者妒，知恶不劾者比，依违是非者谲，借公行私者佞，意存觊觎者狡，惧祸结舌者偷，指摘疑似者刻，喜人奔竞、获其短者而荐者贪。九者有一如此，终亦必亡而已矣。开诚布公，九病可以勿药而愈矣。

明　薛应旂《薛方山纪述》

当可怨、可怒、可辩、可诉、可喜、可愕之际，其气甚平，这是多大涵养。

明　吕坤《呻吟语》

鉴不能自照，尺不能自度，权不能自称——囿于物也。圣人则自照、自度、自称，成其为鉴、为尺、为权，而后能妍媸长短，①轻重天下。

【注释】①妍媸：美丑。

明　吕坤《呻吟语》

一点不忍的念头，是生民生物之根芽；一段不为的气节，是撑天撑地之柱石。故君子于一虫一蚁，不忍伤残；一缕一丝，勿容贪冒，便可为民物立命，为天地立心矣。

明　洪自诚《菜根谭》

己之情欲不可纵，当用逆之之法以制之，其道只在一忍字；人之情欲不可拂，当用顺之之法以调之，其道只存一恕字。今人皆恕以适己，而忍以制人，勿乃不可乎？

明　洪自诚《菜根谭》

毁人者不美，而受人之毁者遭一番讪谤便加一番修省，可以释回而增美；欺人者非福，而受人欺者遇一番横逆便长一番器宇，可以转祸而为福。

明　洪自诚《菜根谭》

富贵使人惑，嗜欲致行妨。宴安损性灵，美疢生膏肓。吾观古来士，高躅互相望。①首路或暂同，中道何苍黄。班生嗣前烈，②马融遁远方，藉梁奄为累，③附窦终自戕。通人识尚尔，咄咄可悲伤。

【注释】①高躅：高尚的行迹。躅，足迹。②班生：即班固。③藉梁：言凭借梁冀的引荐。

明　薛蕙《杂诗》

少年须常有一片春暖之意，如植物从地茁出，天气浑含，只滋根土，美闷春融，绝无雕节，自会发生盛大。

今之少年，往往情不足而智有余。发泄多岐，本地单薄，专力为己，饰意待人，展转效摹，人各自为，过失莫知，患难莫救，殂落岁逝，竟成孤立。千年之木，华尽一朝，良可惜也。

明 彭士望《耻躬堂文集》

每日所言所行，尽合于理，理顺则心安；心安则可以对天、可以对人，何等清闲受用，泰然而乐也！故孔子曰："君子坦荡荡。"每日所言所行，不合于理，理不顺则心不安，心不安则强欲瞒天，强欲瞒天，何等消沮闭藏，戚然而忧也！故孔子曰："小人长戚戚。"

清 魏象枢《寒松堂集》

士大夫背人耳语，必非正言。贿耶？淫耶？谤耶？识者不可得而闻，亦可得而料矣。余从旁观之，深以为戒，故立朝十四年，幸未蹈此。

清 魏象枢《寒松堂集》

止谤莫于自修，王文舒之言也。何以止谤？曰：无辨。文中子之言也。谤之无实者，付之勿辨可矣。谤之有因者，非自修弗能止。

清 钱大昕《十驾斋养新录》

思：心时时严正，身时时整肃，足步步规矩，即时时习礼也。念时时平安，声气时时和蔼，喜怒时时中节，即时时习乐也。……故曰：礼乐不可斯须去身。

清 颜元《颜习斋集》

勉贾易改过，曰："吾学无他，只'迁善、改过'四字。日日改迁，便是工夫；终身改迁，便是效验。世间只一颜子'不贰过'，[1]我辈不免频复。虽改了复犯亦无妨，只要常常振刷，真正去改。久之不免懈怠，但一觉察，便又整顿。"

【注释】①颜子：即孔子弟子颜渊。

清 颜元《颜习斋集》

发奋自强
——警示后人的1000条中华古训

天行健，君子以自强不息。

先秦 《易经》

合抱之木，生于毫末。九层之台，起于累土。千里之行，始于足下。

先秦 《老子》

子曰："三军可夺帅也，匹夫不可夺志也。"

先秦 《论语》

子曰："贤哉，回也！①一箪食，一瓢饮，在陋巷，人不堪其忧，回也不改其乐。贤哉，回也！"

【注释】①回：即颜回，孔子最得意的学生之一。鲁国人，字子渊。

先秦 《论语》

叶公问孔子于子路，①子路不对。子曰："女奚不曰，其为人也，发愤忘食，乐以忘忧，不知老之将至云尔。"②

【注释】①叶：地名，当时属楚。②云尔；云，如此；尔同"耳"，而已，罢了。

先秦 《论语》

子曰："君子疾没世而名不称焉。"

先秦 《论语》

天将降大任于是人也，必先苦其心志，劳其筋骨，饿其体肤，空乏其身，行拂乱其所为，所以动心忍性，曾益其所不能。①

【注释】①曾：同"增"。

先秦孟轲 《孟子》

士穷不失义，达不离道。穷不失义，故士得己焉；①达不离道，故民不失望焉。古之人，得志，泽加于民；不得志，修身见于世。穷则独善其身，达则兼善天下。

【注释】①得己：即"自得"。

先秦孟轲 《孟子》

孟子曰："孔子登东山而小鲁，登泰山而小天下，故观于海者难为水，游于圣人之门者难为言。观水有术，必观其澜。日月有明，容光必照焉。流水之为物也，不盈科不行；①君子之志于道也，不成章不达。②"

【注释】①科：坑坎。②成章：指事物达到一定阶段，具备了一定的规模。

先秦孟轲 《孟子》

积土成山，风雨兴焉；积水成渊，蛟龙生焉；积善成德，而神明自得，圣心备焉。故不积跬步，无以至千里；不积小流，无以成江海。骐骥一跃，不能十步；驽马十驾，功在不舍。锲而舍之，朽木不折；锲而不舍，金石可镂。蚓无爪牙之利，筋骨之强，上食埃土，下饮黄泉，用心一也；蟹六跪而二螯，非蛇、蟮之穴无可寄托者，用心躁也。是故无冥冥之志者，无昭昭之明；无惛惛之事者，无赫赫之功。①行衢道者不至，事两君者不容。目不能两视而明，耳不能两听而聪。螣蛇无足而飞，鼫鼠五技而穷。《诗》曰："尸鸠在桑，其子七兮。淑人君子，其仪一兮。②其仪一兮，心如结兮。"故君子结于一也。

【注释】①冥冥、惛惛：都是形容深沉，这里指专心致志，心不两用。昭昭、赫赫：都是形容显著。②仪：仪态；一，专一。

先秦荀况 《荀子》

君子立志如穷，①虽天子三公问正，②以是非对。

君子隘穷而不失，③劳倦而不苟，临患难而不忘细席之言。岁不寒，无以知松柏；事不难，无以知君子无日不在是。

【注释】①如穷：常如未达之时。②正：同"政"。③隘穷：困穷。不失：不改变其信仰。

先秦荀况 《荀子》

制在己曰重，不离位曰静。重则能使轻，静则能使躁。故曰：重为轻根，静为躁君。故君子终日行不离辎重也。

先秦韩非 《韩非子》

孔、墨、宁越，皆布衣之士也，虑于天下，以为无若先王之术者，故日夜学之。有便于学者，无不为也；有不便于学者，无肯为也。盖闻孔丘、墨翟，昼日讽诵习业，夜亲见文王、周公旦而问焉。用志如此其精也，何事而不达？何为而不成？故曰精而熟之，鬼将告之。非鬼告之也，精而熟之也。今有宝剑良马于此，玩之不厌，视之无倦。宝行良道，一而弗复。欲身之安也，名之章也，不亦难乎？

先秦 《吕氏春秋》

夫建大功于天下者必先修于闺门之内，垂大名于万世者必先行之于纤微之事。是以伊尹负鼎，居于有莘之野，修道德于草庐之下，躬执农夫之作，意怀帝王之道，身在衡门之里，①志图八极之表，故释负鼎之志，为天子之佐，克夏立商，诛逆征暴，除天下之患，辟残贼之类，然后海内治，百姓宁。曾子孝于父母，昏定晨省，调寒温，适轻重，勉之于糜粥之间，行之于衽席之上，②而德美重于后世。此二者，修之于内，著之于外；行之于小，屁之于大。

【注释】①衡门：衡，同"横"。横木为门，极言浅陋。②衽席：床席。

汉　陆贾《新语》

人之进退，唯问其志，取必以渐，勤则得多。山霤至柔，①石为之穿；蝎虫至弱，木为之弊。夫霤非石之凿，蝎非木之钻，然而能以微脆之形，陷坚刚之体，岂非积渐之致乎？训曰："徒学知之未可多，履而行之乃足佳。"

【注释】①霤：从上往下滴的水。

汉　孔臧《戒子书》

青青园中葵，①朝露待日晞。②阳春布德泽，万物生光辉。常恐秋节至，焜黄华叶衰。③百川归到海，何时复西归？少壮不努力，老大徒伤悲。

【注释】①青青：植物少壮时的颜色。②晞：晒干。③焜黄：枯黄。

汉　无名氏《长歌行》

凡山陵之高，非削成而崛起也，必步增而稍上焉；川谷之卑，非截断而颠陷也，必陂池而稍下焉。是故积上不止，必致嵩山之高；积下不已，必极黄泉之深。非独山川也，人行亦然。有布衣积善不怠，必致颜、闵之贤；积恶不休，必致桀、跖之名。

汉　王符《潜夫论》

夫志当存高远，慕先贤，绝情欲，弃疑滞，使庶几之志，揭然有所存，测然有所感；忍屈伸，去细碎，广咨问，除嫌吝，虽有淹留，何损于美趣，何患于不济？若志不强毅，意不慷慨，徒碌碌滞于俗，默默束于情，永窜伏于凡庸，不免于下流矣！

三国·蜀　诸葛亮《诸葛亮集》

坚志者，功名之主也；不惰者，众善之师也。登山不以艰险而止，则必臻乎峻岭矣。积善不以穷否而怨，则必永其令问矣。

晋　葛洪《抱朴子》

人无志，非人也。但君子用心，所欲准行，自当量其善者，必拟议而后动。若志之所之，则口与心誓，守死无贰，耻躬不逮，期于必济。若心疲体懈，或牵于外物，或累于内欲，不堪近患，不忍小情，则议于去就。议于去就则二心交争，二心交争则向所见役之情胜矣。或有中道而废，或有不成一篑而败之。以之守则不固，以之攻则怯弱，与之誓则多违，与之谋则善泄，临乐则肆情，处逸则极意，故虽繁华熠耀，无结秀之勋，终年之勤，无一旦之功，斯君子所以叹息也。若夫申胥之长吟，夷、齐之全洁，展季之执信，苏武之守节，可谓固矣。故以无心守之，安而体之，若自然也。乃是守志之盛者可耳。

晋　嵇康《嵇康集》

宗悫，字元干，南阳人也。叔父炳，高尚不仕。悫年少时，炳问其志，悫曰："愿乘长风破万里浪。"

南朝·梁　沈约《宋书》

松生数寸时，遂为草所没。未见笼云心，谁知负霜骨。弱干可摧残，纤茎易凌忽①。何当数千尺②，为君覆明月。

【注释】①凌忽：欺凌忽视。②何当：犹言何日，何时。

南朝·梁　吴均《赠王桂阳》

夫工人之染，先修其质，后事其色，质修色积，而染工毕矣。学亦有质，孝悌忠信是也。君子内正其心，外修其行，行有余力，则以学文，文质彬彬，然后为德。夫学者不患才不及，而患志不立，故曰希骥之马，亦骥之乘，希颜之徒，亦颜之伦也。又曰锲而舍之，朽木不知；锲而不舍，金石可亏。斯非其效乎！

唐　房玄龄等《晋书》

陶士衡曰：①"昔大禹不吝尺璧而重寸阴。"文士何不诵书，武士何不马射？若乃玄冬修夜，朱明永日，肃其居处，崇其墙仞，门无揉杂，坐缺号呶：以之求学，则仲尼之门人也；以之为文，则贾生之升堂也。古者盘盂有铭，几杖有诫，进退循焉，俯仰观焉。文王之诗曰："靡不有初，鲜克有终。"立身行道，终始若一。"造次必如是"，②君子之言欤？

【注释】①陶士衡：即晋人陶侃。②造次必如是：意为"匆忙紧迫之时也应该这样"。

唐　姚思廉《梁书》

为君子致用在乎经邦，经邦在乎立事，立事在乎师古，师古在乎随时。必参今古之宜，穷终始之妙，始可以度其终。

唐　李翰《通典序》

木之就规矩，在梓匠轮舆。人之能为人，由腹有诗书。诗书。勤乃有，不勤腹空虚。欲知学之力，贤愚同一初。由其不能学，所入遂异闾。两家各生子，提孩巧相如。少长聚嬉戏，不殊同队鱼。年至十二三，头角稍相疏。二十渐乖张，清沟映污渠。三十骨骼成，乃一龙一猪。……问之何因尔？学与不学欤。金璧虽重宝，费用难贮储。学问藏之身，身在即有余。……潢潦无根源，朝满夕已除。人不通古今，马牛而襟裾。行身陷不义，况望多名誉。

唐　韩愈《符读书城南》

勿慕贵与富，勿忧贱与贫。自问道何如，贵贱安足云？闻毁勿戚戚，闻誉勿欣欣。自顾行何如，毁誉安足论？无以意傲物，以远辱于人。无以色求事，以自重其身。游与邪分歧，居与正为邻。于中有取舍，此外无疏亲。修外以及内，静养和与真。养内不遗外，动率义与仁。千里始足下，高山起微尘。吾道亦如此，行之贵日新。

唐　白居易《白居易集》

古人云：穷则独善其身，达则兼济天下。仆虽不肖，常师此语。大丈夫所守者道，所待者时。时之来也，为云龙，为风鹏，勃然突然，陈力以出；时之不来也，为雾豹，为冥鸿，寂兮寥兮，奉身而退。进退出处，何往而不自得哉？

唐　白居易《白居易集》

柳子曰：仁义忠信，先儒名以为天爵，未之尽也。夫天之贵斯人也，则付刚健、纯粹于其躬，倬为至灵，①大者圣神，其次贤能，所谓贵也。刚健之气，钟于人也为志，得之者，运行而可大，悠久而不息，拳拳于是善，孜孜于嗜学，则志者其一端耳。纯粹之气，注于人也为明，得之者，爽达而先觉，鉴照而无隐，肫肫于独见，渊渊于默识，则明者又其一端耳。明离为天之用，恒久为天之道。举斯二者，人伦之要尽是焉。故善言天爵者，不必在道德忠信，明与志而已矣。

【注释】①倬：大，著明。

唐　柳宗元《柳宗元集》

古之立大事者，不惟有超世之才，亦必有坚忍不拔之志。

宋　苏轼《晁错论》

志不可不笃，亦不可助长。志不笃则忘废。助长，于文义上也且有益，若于道理上助长，反不得。杜预言："优而柔之，使自求之，厌而饫之，使自趣之；若江海之浸，膏泽之润，涣然冰释，怡然理顺，然后为得也。"此数句煞好。

【注释】①饫：饱食，引申为饱足。

宋　程颢、程颐《二程集》

怒发冲冠，凭阑处，萧萧雨歇。抬望眼，仰天长啸，壮怀激烈。三十功名尘与土，八千里路云和月。莫等闲，白了少年头，空悲切。　靖康耻，犹未雪；臣子恨，何时灭！驾长车、踏破贺兰山缺。壮志饥餐胡虏肉，笑谈渴饮匈奴血。待从头、收拾旧山河，朝天阙。

宋　岳飞《岳忠武王集》

书不记，熟读可记；义不精，细思可精。唯有志不立，直是无著力处。只如而今贪利禄而不贪道义，要作贵人而不要作好人，皆是志不立之病。直须反复思量，究见病痛起处，勇猛奋跃，不复作此等人，一跃跃出，见得圣贤所说千言万语都无一事不是实语，方始立得此志，就此积累功夫，迤逦向上去大有事，在诸君勉旃，①不是小事。

【注释】①旃：通"之"。

宋　朱熹《朱文公文集》

立志要如饥渴之于饮食。才有悠悠，便是志不立。

宋　黎靖德《朱子语类》

学者做工夫，当忘寝食做一上，使得此入处，自后方滋味接续。浮浮沉沉，半上落下，不济得事。

宋　黎靖德《朱子语类》

人气须是刚，方做得事。如天地之气刚，故不论甚物事皆透过。人气之刚，其本相亦如此。若只遇着一一重薄物事，便退转去，如何做得事！

宋　黎靖德《朱子语类》

人生而静，动则有迁。非物使之，人心则然。耳目鼻口，实动之权。圣践而圣，贤治而贤。槁木不生，死灰不然。甚活者人，鸢鱼天渊。敬而无失，奉以周旋。喜怒哀乐，又何恶焉！士、之于学，农之于田，朝斯夕斯，舍是奚安！去其害苗，则心不偏。耘之又耘，嘉种易捐。不计其收，惧其不虔；不虔不力，误我丰年。工贵其久，业贵其专。凡尔君子，相与勉旃！

宋　陈亮《陈亮集》

有闻善之意而疑己以不明，自欺也；有为高之心而畏己以不能，自欺也；喜安于俗而不徇乎道，自欺也；求合于外而中莫之考，自欺也。其道甚大，万物咸取；圣贤之功，我则与有。如操斧斤，以入山林；随其所欲，榱题栋楹。蔚然千章，被冒洞谷；爱莫能致，投斧太息。言既出之，行既实之；久且不倦，我则毕之。鸡鸣必旦，鹤鸣必雨；其象则然，认证敢余侮。……守妄求真，匪诚惟欺。咨尔昆弟，敬事一心；无咎无誉，上帝居歆。

宋　叶适《水心文集》

志谓心志，气谓血气。学者若能立志以自强，则气亦从之不至于怠惰。如将帅之统率，有纪律，有号令，则士卒虽欲惰而不可得。苟心志不立，则未免为血气所使。孟子曰："志者，气之帅也。"盖志强气亦强，志惰则气亦惰，如将勇则士亦勇，将隋则士亦惰也。学者欲去昏惰之病必以立志为先。

宋　真德秀《真文忠公文集》

士当求进于己，而不可求进于人。所谓求进于己者，道业、学术之精是已。所谓求进于人者，富贵利达之荣是已。盖富贵利达，在天而不可求；道业、学术，在我而不可不求也。况古之人，不以富贵利达为心也；其所以从仕者，宜假此以行道也。道不行而富贵利达者，古人以为耻，而不以为荣。呜呼！非诚有致君泽民之心者，其孰能与于此？

元　张养浩《牧民忠告》

石之石，木可以钻，金可以镂，火可以燃，雷可以穿。夫何故？石，物也。心之石不可钻，不可镌，不可穿，何故？心非物也。方寸之中有孔子不磷之坚，而孟子所谓浩然者也。嘻！其观富贵不淫，贫贱不移，终身勉旃。

元　方回《桐江续集》

立得志定，操得心定，不至移易，则学自进。志不可放倒，身不可放弱。程子曰："懈意一生，便是自暴自弃。"朱子曰："才悠悠便是志不立。"

明　胡居仁《居业录》

志不立，天下无可成之事，虽百工技艺，未有不本于志者。今学者旷废隳隋，玩岁偈时，而百无所成，皆由于志之未立耳。故立志而圣则圣矣，立志而贤则贤矣。志不立，如无舵之舟，无衔之马，漂荡奔逸，终亦可所底乎！

明　王守仁《王文成公全书》

曾子启手足以示全，子张呼申祥以告终。一息尚存，此志岂容少懈哉！

明　薛应旗《薛方山纪述》

古人也算一个人，我辈成底是甚什人？若不愧不奋，便是无志。

明　吕坤《呻吟语》

业刻木如巨齿，古无文字，用以记日行之事数也。一事毕，则去一刻；事俱毕，则尽去之，谓之修业。更事则再刻如前，大事则大刻，谓之大业。多事则多刻，谓之广业。士农工商所业不同，谓之常业。农为士则改刻，谓之易业。古人未有一生无所业者，未有一日不修业者，故古人身修事理，而无怠惰荒宁之时，常有忧勤惕励之志。一日无事，则一日不安，惧业之不修而旷日之不可也。今也昏昏荡荡，四肢不可收拾，穷年终日无一猷为放逸而入于禽兽者，无业之故也。人生两间，无一事可见，无一善可称，资衣藉食于人，而偷安惰行以死，可羞也已。

明　吕坤《呻吟语》

士人有百折不回之真心，才有万变不穷之妙用。

立业建功，事事要从实地著脚，若少慕声闻，便成伪果；讲道修德，念念要从虚处立基，若稍计功效，便落尘情。

明　洪自诚《菜根谭》

居逆境中，周身皆针砭药石，砥节砺行而不觉；处顺境内，满前尽兵刃戈矛，销膏糜骨而不知。

明　洪自诚《菜根谭》

俗骂龌龊不出气人曰窝囊。窝，言其不离窝，无四方远大之志也。……大概人无光明远大之志，则言语行事无所不窝囊也。而好衣好饭不过图饱暖之人，与猪狗无异。

明　傅山《霜红龛集》

人须要立志。初时立志为君子，后来多有变为小人的；若初时不先立下一个定志，则中无定向，便无所不为，便为天下之小人，众人皆贱恶你。你发愤立志要做个君子，则不拘做官不做官，人人都敬重你。故我要你第一先立起志气来。

明　杨继盛《杨忠愍集》

传家一卷书，惟在汝立志。凤飞九千仞，燕雀独相视。不饮酸臭浆，闲看旁人醉。识字识得真，俗气自远避。人字两撇捺，原与禽字异。潇洒不沾泥，便与天无二。

清　王夫之《姜斋诗剩稿》

从来做大事业，须从戒慎恐惧中做出，试观尧、舜、孔、孟。皆不自足，兢兢业业到老，是所以为尧、舜、孔、孟也。

清　张伯行《困学录集粹》

富贵人家延师傅教子弟，至勤至切，而立学有成者，多出于附从贫贱之家，而己之子弟不与焉。不数年间，变富贵为贫贱：有寄人门下者，有饿莩乞丐者；或仅守厥家，不失温饱，而目不识丁。或百中之一亦有发达者，其为文章，必不能沉著痛快，刻骨镂心，为世所传诵。岂非富贵足以愚人，而贫贱足以立志而濬慧乎！

清　郑燮《郑板桥集》

夫伊古以来，士能自立垂名声于后者，唯贫士为独多。其当大任而著勋绩者，尚已即以文士中求之，佣赁樵牧，织帘鬻舂，然荻照雪，聚萤抱火者，比比而是。安在贫之不可以益厉所学耶？窃谓近今之弊，尤在乎志节之不立，风操之不振，故中材以下，以贫为病而堕其守者有之矣，盖不独役役焉唯治生之是急也。亦由上之人不能贵士，而遇之以礼，偶有微忤，辄欲借之以立威而摧折之，唯恐其不至。于是士之自处也亦日贱，所忧不徒在学之不专、文之不工而已。既不知学，则益不知古圣贤之志节，而冥冥以行。不得志犹未甚害也；使其得志，其害可胜言哉？

清　卢文弨《抱经堂文集》

人生顺逆之境，亦难言之。譬如行舟遇逆风，则舍橹上纤，迟迟我行。或长江大河，不能施纤者，惟有守风默坐而已。见顺风船过去，则妒之慕之。未几风转，则张帆箭行，逍遥乎中流，呼啸于篷底，而人亦有妒我羡我者。余曾有诗云："顺逆总凭旗脚转，人生须早得风云。"然既遇顺风，张帆不可太满，满则易于覆舟。一旦白浪滔天，号救不应，斯时也，虽欲羡逆风之船而不可得矣。

清　钱泳《履园丛话》

——警示后人的1000条中华古训

必有忍,其乃有济;有容,德乃大。

先秦 《尚书》

君子居其室,出其言善,千里之外应之,况其迩者乎?居其室,出其言不善,则千里之外违之,况其迩者乎?

先秦 《周易》

有子曰①:"其为人也孝弟,②而好犯上者,鲜矣;不好犯上,而好作乱者,未之有也。君子务本,本立而道生。孝弟也者,其为仁之本与!"③

【注释】①有子:即有若,孔子的学生。②孝弟:孝指子女对待父母应持的态度,弟同悌,指弟弟顺从兄长。③与:语气词,表示感叹。

先秦 《论语》

曾子曰①:"吾日三省吾身:为人谋而不忠乎?与朋友交而不信乎?传不习乎?"②

【注释】①曾子:即曾参,字子舆,孔子的学生。②传不习乎:老师传授的内容温习了吗?

先秦　《论语》

子曰："不仁者不可以久处约，①不可以长处乐。仁者安仁，知者利仁。"

【注释】①处约：约，贫困，即指处在简陋的环境中。

先秦　《论语》

子曰："君子坦荡荡，小人长戚戚。"①

【注释】①长戚戚：这里指经常忧愁。

先秦　《论语》

子曰："君子成人之美，不成人之恶，小人反是。"

先秦　《论语》

樊迟问仁。①子曰："居处恭，执事敬，与人忠。虽之夷狄，②不可弃也。"

子曰："君子和而不同，小人同而不和。"

子曰："君子泰而不骄，小人骄而不泰。"

【注释】①樊迟：即樊须，字子迟，孔子的学生。②之夷狄：之，到，往。这里指到边远的部落民族去。

先秦　《论语》

子曰："君子道者三，我无能焉：仁者不忧，知者不惑，勇者不惧。"
子贡曰："夫子自道也。"

先秦　《论语》

子曰："君子求诸己，小人求诸人。"

子曰："君子矜而不争，群而不党。"

子贡问曰:"有一言而可以终身行之乎?"子曰。"其恕乎!①己所不欲,勿施于人。"

子曰:"巧言乱德,小不忍,则乱大谋。"

子曰:"当仁,不让于师。"

【注释】①恕:这里指自己所不想要的事物,就不要强加给别人。

先秦 《论语》

孔子曰:"君子有三戒:少之时,血气未定,戒之在色;及其壮也,血气方刚,戒之在斗;及其老也,血气既衰,戒之在得。"①

【注释】①得:指贪得。

先秦 《论语》

子曰:"道听而途说,德之弃也。"

先秦 《论语》

孟子曰:"子路,①人告之以有过,则喜。禹闻善言,则拜。大舜有大焉,②善与人同,舍己从人,乐取于人以为善。自耕稼、陶、渔,以至为帝,无非取于人者。取诸人以为善,是与人为善者也。故君子莫大乎与人为善。"

【注释】①子路:即孔子的学生仲由。②有:这里为"又"的意思。

先秦 孟轲《孟子》

居天下之广居,立天下之正位,行天下之大道;得志,与民由之;不得志,独行其道。富贵不能淫,贫贱不能移,威武不能屈,此之谓大丈夫。

先秦 孟轲《孟子》

君子易知而难狎,①易惧而难胁,畏患而不避义死,欲利而不为所非,交亲而不比,②言辩而不辞,③荡荡乎其有以殊于世也。

【注释】①易惧而难胁：指有德之人处处小心，但不受别人的胁迫。②交亲而不比：指与人交往亲切，但不无原则地拉帮结伙。③不辞：这里指不混乱的意思。

先秦　荀况《荀子》

故与人善言，暖于布帛，伤人之言，深于矛戟。……

斗者，忘其身者也，忘其亲者也，忘其君者也。行其少顷之怒，而丧终身之躯，……忧忘其身，内忘其亲，上忘其君，则是人也，而曾狗彘之不若也。……

荣辱之大分，安危利害之常体。先义而后利者荣，先利而后义者辱。荣者常通，辱者常穷。通者常制人，穷者常制于人。是荣辱之大分也。……安利者常乐易，危害者常忧险。乐易者常寿长，忧险者常夭折，是安危利害之常体也。

先秦　荀况《荀子》

告歆，无忽。若未有异德，蒙恩甚厚，将何以报。董生有云：①"吊者在门，贺者在闾。"言有忧，则恐惧敬事，敬事则必有善功而福至也。又曰："贺者在门，吊者在闾。"②言受福则骄奢，骄奢则祸至，故吊随而来。齐顷公之始，藉霸者之余威，轻侮诸侯。……遁服而亡。所谓"贺者在门，吊者在闾"也。兵败师破，人皆吊之；恐惧自亲，百姓爱之。诸侯皆归其所夺邑，所谓"吊者在门，贺者在闾"。今若年少，③得黄门侍郎，④要显处也。新拜，⑤皆谢贵人叩头，⑥谨战战栗栗，乃可必免。

【注释】①董生：指西汉著名学者董仲舒。②吊：安慰。③若：你。④黄门侍郎：官名，供职于宫内，地位比较重要。⑤拜：指任官职。⑥贵人：指地位显贵之人。

汉　刘向《诫子歆书》

吾欲汝曹闻人过失，如闻父母之名，耳可得闻，口不可得言也。好议论人长短，妄是非正法，①此吾所大恶也。宁死不愿闻子孙有此行也。汝曹知吾恶之甚矣，所以复言者，施衿结缡，②申父母之戒，欲使汝曹不忘之耳。

龙伯高敦厚周慎，口无择言，③谦约节俭，廉公有威。吾爱之重之，愿汝曹效之。杜季良豪侠好义，忧人之忧，乐人之乐，清浊无所失，④父丧致客，数郡毕至。吾爱之重之，不愿汝曹效也。效伯高不得，犹为谨敕之士，⑤所谓刻鹄不成尚类鹜者也⑥；效季良不得，陷为天下轻薄子，⑦所谓画虎不成反类狗者也。讫今季良尚未可知，郡将下车辄切齿，⑧州郡以为言，吾常为寒心，是以不愿子孙效也。

【注释】①是非正法：指评论官方政策法令的好坏。②施衿结缡：古代女子出嫁，父母为其系彩带、结佩巾，并有劝诫。③口无择言：指说话谨慎，别人挑不出毛病。④清浊无所失：交友不分好坏。⑤谨敕之士：恭谨整饬，严格要求自己的人。⑥鹄：天鹅。鹜，野鸭。⑦陷：沦落。⑧郡将下车辄切齿：指郡守等官员到任时，对杜季良颇痛恨。

汉　马援《诫兄子严、敦书》

……恭为德首，慎为行基。愿汝等言则忠信，行则笃敬，无口许人以财，无传不经之谈，无听毁誉之语。闻人之过，耳可得受，口不得宣，思而后动。若言行无信，身受大谤，自入刑论，①岂复惜汝？耳耻及祖考！②思乃父言，纂乃父教，③各讽诵之。

【注释】①刑论：刑法审判。②祖考：祖，祖父；考，此处指父亲。③纂：继承、接受的意思。

晋　羊祜《诫子书》

士君子之处世，贵能有益于物耳，不徒高谈虚论，左琴右书，以费人君禄位也。国之用材，大较不过六事：一则朝廷之臣，取其鉴达治体，经纶博雅；二则文史之臣，取其著述宪章，不忘前古；三则军旅之臣，①取其断决有谋，强干习事；四则藩屏之臣，取其明练风俗，清白爱民；五则使邻之臣，取其识变从宜，不辱君命；六则兴造之臣，取其程功节费，开略有术。

此则皆勤学守行者所能办也。人性有长短，岂责具美于六途哉？但当皆晓指趣，能守一职，便无愧耳。

【注释】①军旅之臣：指军事将领。

北齐　颜之推《颜氏家训》

吾顷以老患辞事，不悟天慈降恩，①爵逮于汝。汝其毋傲客，毋荒怠，毋奢越，②毋嫉妒。疑思问，言思审，行思恭，服思度；③遏恶扬善，亲贤远佞，目观必真，耳属必正；诚勤以事君，清约以行己。④

【注释】①天慈降恩：指皇帝赐恩。②奢越：这里指挥霍无度。③服思度：服饰穿着要得体。④清约：清廉俭约。

北魏　源贺《遗令敕诸子》

巍性泛爱，不乐闻人过失。左右投书相告，置靴中，竟不视，取火焚之。

唐　李延寿《南史》

汝若全德，必忠必直；汝若全行，必方必正。终身如此，可谓君子。

唐　元结《自箴》

太宗谓侍臣曰："言语者君子之枢机，谈何容易？凡在众庶，一言不善，则人记之，成其耻累。况是万乘之主，不可出言有所乖失。其所亏损至大，岂同匹夫？我常以此为戒。"

唐　吴兢《贞观政要》

人生世间，自有知识以来，即有忧患不如意事。小儿叫号，皆其意有不平。自幼至少，至壮至老，如意之事常少，不如意之事常多。虽大富贵之人，天下之所仰美以为神仙，而其不如意处，各自有之，与贫贱人无异，特所忧虑之事异尔。故谓之缺陷世界，以人生世间，无足心满意者。能达此理而顺受之则可少安。①

【注释】①少：通"稍"，稍稍之意。

宋　袁采《袁氏世范》

　　处己接物，而常怀慢心、伪心、妒心、疑心者，皆自取轻辱于人，盛德君子所不为也。慢心之人，自不如人，而好轻薄人，见敌己以下之人及有求于我者，①面前既不加礼，背后又窃讥笑。若能回省其身，则愧汗浃背矣。伪心之人，言语委曲，若甚相厚，而中心乃大不然，一时之间，人所信慕，用之再三，则踪迹露现，为人所唾去矣。妒心之人，常欲我之高出于人，故闻有称道人之美者，则忿然不平，以为不然，闻人有不如人者，则欣然笑快，此何加损于人？只厚怨耳。疑心之人，人之出言，未尝有心，而反复思绎曰：此讥我何事，此笑我何事，则与人缔怨，常萌于此。贤者闻人讥笑，若不闻焉，此岂不省事？

【注释】①敌己：与自己不相上下。

宋　袁采《袁氏世范》

　　今人有为不善之事，幸其人之不见不闻，安然自肆，无所畏忌。殊不知人之耳目可掩，神之聪明不可掩。凡吾之处事，心以为可，心以为是，人虽不知，神已知之矣；吾之处事，心以为不可，心以为非，人虽不知，神已知之矣。吾心即神，神即祸福，心不可欺，神亦不可欺。……释者以谓吾心以为神之至也，尚不可得而窥测，况不信其神之在左右，而以厌射之心处之，则亦何所不至哉？

宋　袁采《袁氏世范》

　　人为善事而未遂，祷之于神，求其阴助，虽未见效，言之亦无愧。至于为恶事而未遂，亦祷之于神，求其阴助，岂非欺罔？如谋为盗贼而祷之于神，争讼无理而祷之于神，使神果从其言而幸中，此乃贻怒于神，开其祸端耳。

宋　袁采《袁氏世范》

凡人行己，公平正直，可用此以事神，而不可恃此以慢神；可用此以事人，而不可恃此以傲人。虽孔子亦以敬鬼神、事大夫、畏大人为言，况下此者哉？彼有行己不当理者，中有所慊，①动辄知畏，犹能避远灾祸，以保其身。至于君子而偶罹于灾祸者，②多由自负以召致之耳。

【注释】①慊：这里指有不满的意思。②罹：遭遇的意思。

宋　袁采《袁氏世范》

人之处事，能常悔往事之非，常悔前言之失，常悔往年之未有知识，其贤德之进，所谓长日加益，而人不自知也。古人谓行年六十，而知五十九之非者，可不勉哉？

宋　袁采《袁氏世范》

人能忍事，易以习熟，①终至于人以非理相加；不可忍者，亦处之如常，不能忍事，亦易以习熟，终至于睚眦之怨深；②不足较者，③亦至交詈争讼，期于取胜而后已，不知其所失甚多。人能有定见，不为客气所使，则身心岂不大安宁？

【注释】①习熟：这里指习惯的意思。②睚眦：本意为怒目而视，引申为很小的怨恨。③较：计较。

宋　袁采《袁氏世范》

老成之人，言有迂阔，而更事为多。①后生虽天资聪明，而见识终有不及。后生例以老成为迂阔，凡其身试见效之言，欲以训后生者，后生厌听而毁诋者多矣。及后生年齿渐长，历事渐多，方悟老成之言，可以佩服，然已在险阻艰难备尝之后矣。

【注释】①更事：指经历的事情。

宋　袁采《袁氏世范》

　　人之出言举事，能思虑循省，而不幸有失，则在可谏可议之域。①至于恣其情性而妄言妄行，或明知其非而故为之者，是人必挟其凶暴强悍，以排人之议已。善处乡曲者，如见似此之人，非惟不敢谏诲，亦不敢寘于言议之间，②所以远侮辱也。尝见人不忍平昔所厚之人有失，而私纳忠言，反为人所怒曰：我与汝至相厚，汝亦谤我耶？孟子曰：不仁者可与言哉？

【注释】①谏：规劝，使之改正错误或过失。②寘：同"置"。

宋　袁采《袁氏世范》

　　不善人虽人所共恶，然亦有益于人。大抵见不善人则警惧，不至自为不善。不见不善人则放肆，或至自为不善而不觉。故家无不善人，则孝友之行不彰；乡无不善人，则诚厚之迹不著。譬如磨石，彼自销损耳，刀斧资之以为利。老子云："不善人乃善人之资"，谓此尔。若见不善人而与之同恶相济，及与之争为长雄，则有损而已，夫何益？"

宋　袁采《袁氏世范》

　　勉人为善，谏人为恶，固是美事，先须自省。若我之平昔，自不能为人，岂惟人不见听？亦反为人所薄，且如已之立朝可称，乃可诲人以立朝之方；已之临政有效，乃可诲人以临政之术；已之才学为人所尊，乃可诲人以进修之要；已之性行为人所重，乃可诲人以操履之详；已能身致富厚，乃可诲人以治家之法；已能处父母之侧而谐和无间，乃可诲人以至孝之行。苟惟不然，岂不反为所笑？

宋　袁采《袁氏世范》

　　人之出言至善，而或有议之者；人有举事至当，而或有非之者，盖众心难一，众口难齐如此。君子之出言举事，苟揆之吾心，①稽之古训，②询之贤者，于理无碍，则纷纷之言，皆不足恤，亦不必辨。自古圣贤，当代宰辅，一时守令，皆不能免，况居乡曲，同为编氓，④尤其所无畏。或轻议已，亦何怪焉？大抵指是为非，必妒忌之人，及素有仇怨者，此曹何足以定公论，正当勿恤勿辩也。

【注释】①揆：这里指揣测、估量的意思。②稽：考证、考察的意思。③编氓：即编民，这里指老百姓。

宋　袁采《袁氏世范》

人有善诵我之美，使我喜闻而不觉其谀者，小人之最奸黠者也。彼其面谀我而我喜，及其退与他人语，未必不窃笑我为他所愚也。人有善揣人意之所向，先发其端，导而迎之，使人喜其言，与己暗合者，亦小人之最奸黠者也。彼其揣我意而果合，及其退与他人语，又未必不窃笑我为他所料也。此虽大贤，亦甘受其侮而不悟，奈何？

宋　袁采《袁氏世范》

亲戚故旧，人情厚密之时，不可尽以密私之事语之，恐一旦失欢，则前日所言，皆他人所凭以为争讼之资。至有失欢之时，不可尽以切实之语加之，恐忿气既平之后，或与之通好结亲，则前言可愧。大抵忿怒之际，最不可指其隐讳之事，而暴其父祖之恶，吾之一时怒气所激，必欲指其切实而言之，不知彼之怨恨，深入骨髓。古人谓"伤人之言，深于矛戟"是也。俗亦谓"打人莫打膝，道人莫道实"。

宋　袁采《袁氏世范》

亲戚故旧，因言语而失欢者，未必其言语之伤人，多是颜色辞气暴厉，能激人之怒。且如谏人之短，语虽切直，而能温言下气，纵不见听，亦未必怒。若平常言语，无伤人处，而词色俱厉，纵不见怒，亦须怀疑。古人谓怒于室者色于市。方其有怒，与他人言，必不卑逊，他人不知所自，安得不怪？故盛怒之际，与人言话，尤当自警。前辈有言诫酒后，语忌食时，①嗔忍难耐，②事顺自强，人常能持此，最得便宜。

【注释】①语忌食时：指说话有所顾忌，吃饭有定时，有规律。②嗔，忍难耐：指忍住心中怒气，对困难或别人的责难能够忍耐。

宋　袁采《袁氏世范》

高年之人，乡曲所当敬者，以其近于亲者也。然乡曲有年高而德薄者，谓刑罚不加于己，轻詈辱人，不知愧耻，君子所当优容而不较也。

宋　袁采《袁氏世范》

居乡曲间，或有贵显之家，以州县观望而凌人者。又有高资之家，以贿赂公行而凌人者。方其得势之时，州县不能谁何，鬼神犹或避之，况贫穷之人，岂可与之较？屋宅坟墓之所邻，山林田园之所接，必横加残害，使归于己而后已。衣食所资，器用之微，凡可其意者，必夺而有之。如此之人，惟当逊而避之，逮其稔恶之深，天诛之加，则其家之子孙，自能为其父祖破坏，以与乡人复仇也。乡曲更有健讼之人，把持短长，妄有论讼，以致追扰，州县不敢治其罪。又有恃其父兄子弟之众，结集凶恶，强夺人所有之物，不称意，则群聚殴打。又复贿赂州县，多不竟其罪。如此之人，亦不必求以穷治，逮其稔恶之深，天诛之加，则无故而自罹于宪网，①有计谋所不及救者，大抵作恶而幸其罪者，必于他时无故而受其报，所谓天网恢恢，疏而不漏也。

【注释】①宪网：即法网，这里指国家法律的惩处。

宋　袁采《袁氏世范》

乡曲士夫，有挟术以待人，近之不可，远之则难者，所谓君子中之小人，不可不防。虑其信义有失，为我之累也。农工商贾仆隶之流，有天资忠厚，可任以事，可委以财者。所谓小人中之君子，不可不知，宜稍抚之以恩，不复虑其诈欺也。

宋　袁采《袁氏世范》

忠信二事，君子不守者少，小人不守者多。且如小人以物市于人，弊恶之物，饰为新奇，假伪之物，饰为真实。如绢帛之用胶糊，米麦之增湿润，肉食之灌以水，药材之易以他物。巧其言词，止予求售，误人食用，有不恤也，其不忠也类如此。负人财物，久而不偿，人苟索之，期以一月，如期索之不售，又期以一月，如期索之又不售，至于十数期而不售如初。工匠制器，要其定资，责其所制之器，期以一月，如期索之不得，……至于十数期而不得如初，其不信也如此。其他不可悉数。小人朝夕行之，略不之怪。为君子者往往忿嚏，直欲深治之，至于殴打论讼，若君子自省其身，不为不忠不信之事，而怜小人之无知，及其间有不得已，而为自便之计，至于如此，可以少置之度外也。

宋　袁采《袁氏世范》

居乡及在旅，不可轻受人之恩，方吾未达之时，常在吾怀，每见其人，常怀敬畏，而其人亦以有恩在我，常有德色，及吾荣达之后，遍报则有所不及，不报则为亏义，故虽一饭一缣，亦不可轻受。前辈见人仕宦，而广求知己，戒之曰：受恩多，则难以立朝。宜详味此。

宋　袁采《袁氏世范》

今人受人恩惠，多不记省，而有所惠于人，虽微物亦历历在心。古人言施人勿念，受人勿忘，诚为难事。

宋　袁采《袁氏世范》

人有居贫困时，不为乡人所顾，及其荣达，则视乡人如伽仇。殊不知乡人不厚于我，我以为憾，我不厚于乡人，乡人他日亦独不记耶？但于其平时薄我者，勿与之厚，亦不必致怨。若其平时不与我相识，苟我可以济助之者，亦不可不为也。

宋　袁采《袁氏世范》

圣人言以直报怨，最为中道，可以通行。大抵以怨报怨，固不足道，而士大夫欲邀长厚之名者，或因宿仇，纵奸邪而不治，皆矫饰不近人情。圣人之所谓直者，其人贤，不以仇而废之；其人不肖，不以仇而庇之，是非去取，各当其实。以此报怨，必不至递相酬复无已时也。

居乡不得已而后与人争，又大不得已而后与人讼，彼稍服其不然，则已之，不必费用财物，交结胥吏，求以快意，穷治其仇。至于争讼财产，本无理而强求得理，官吏贪缪，或可如志，宁不有愧于神明？仇者不伏，更相诉讼，所费财物，十数倍于其所直，况遇贤明有司，安得以无理为有理耶？大抵人之所讼，互有短长，各言其长而掩其短，有司不明，则牵连不决，或决而不尽其情，胥吏得以受赃而弄法，蔽者之所以破家也。

【注释】①有司：这里指主管部门和主管官吏。

宋　袁采《袁氏世范》

在上位，不陵下；①在下位，不援上。②正己而不求于人则无怨。③上不怨天，下不尤人。④

【注释】①陵：通"凌"，欺凌。②援：这里指高攀。③正己：即端正自己的品行。④尤：怨恨。

宋　朱熹《四书集注》

为贫出仕退为农，二百年来世世同。
富贵苟求终近祸，汝曹切勿坠家风。

宋　陆游《示子孙》

进则安居以行其志，退则安居以修其所未能，则进亦有为，退亦有为也。

元　张养浩《牧民忠告》

处宗族、乡党、亲友，须责顺而气和。非意相干，可以理遣；人有不及，可以情恕。若子弟僮仆与人相忤，皆当反躬自责，宁人负我，无我负人。彼悻悻然怒发冲冠，讳短以求胜，是速祸也。若果横逆难堪，当思古人所遭，更有甚于此者，惟能持雅量而优容之，自足以潜消其狂暴之气。

庞尚鹏《庞氏家训》

人不自爱，则无所不为；过于自爱，则一无所为。

明　吕坤《呻吟语选》

行者、居者，行迹各别，然理无二致也，日用工夫无二致也。……汝在家中若能忍节嗜欲，痛割俗情，振起十数年懒散气习，将精神归并一路，使读书务为心得，则与在山中何异？艰哉！艰哉！各自努力！

居常只见人过，不见己过，此学者切骨病痛，亦学者公共病痛。此后读书做人，须苦切检点自家病痛。盖所恶人许多病痛，若真知反己，则色色有之也。①

【注释】①色色：件件、样样。

明　唐顺之《荆川先生文集》

……从古圣贤，皆是以身借人。子果有是，更当勉力多为……只要认得理真，力所可为，虽天下非之而不顾，即害之所在……吾往矣，切莫因人言而终止也。是嘱！是嘱！

大都世态炎凉，而宦途人多疑忌。议论间，常要小心打点，未可如居乡率心与宦途人应对也。莫视应对为末节，要知洒扫应对，便可精义入神。①……皆是小心中做出事业。从古圣贤，没一个不仔细小心。

……须慎哉，须慎哉！

【注释】①精义入神：指精研事物达到出神入化的境界。

明　李际阳母《与子书》

凡人同堂、同室、同窗多年者，情谊深长，其中不无败类之人，是非自有公论，在我当存厚道。

周旋亲友，只看自家力量，随缘答应，穷亲穷眷，放他便宜一两处，才得消谗免谤。

作家的，将祖宗紧要做不到事，补一两件；做官的，将地方紧要做不到事，干一两件，才是男子结果。高爵多金，不算是结果。

问世间何者最乐，母曰：不放债，不久债的人家，不大丰不大歉的年时，不奢华不盗贼的地方，此最难得。免饥寒的贫士，学孝悌的秀才，通文义的商贾，知稼穑的公子，旧面目的宰官，此尤难得也。

明　温以介述《温氏母训》

心体澄彻，常在明镜止水之中，则天下自无可厌之事，意气和平，常在丽日光风之内，则天下自无可恶之人。

明　洪自诚《菜根谭》

使人有面前之誉，不若使其无背后之毁；使人有乍交之欢，不若使其无久处之厌。

明　洪自诚《菜根谭》

邀千百人之欢，不如释一人之怨；希千百事之荣，不如免一时之丑。

明　洪自诚《菜根谭》

无事常如有事时提防，才可弥意外之变；有事常如无事时镇定，方可以消局中之危。

明　洪自诚《菜根谭》

处世而欲人感恩，便为敛怨之道；遇事而为人除害，即是导利之机。

明　洪自诚《菜根谭》

讨了人事的便宜，必受天道的亏；贪了世味的滋益，必招性分的损，涉世者宜审择之。

明　洪自诚《菜根谭》

士君子之涉世，于人不可轻为喜怒，喜怒轻则心腹肝胆皆为人所窥；于物不可重爱憎，爱憎重则意气精神悉为物所制。

士君子济人利物，宜居其实，不宜居其名，居其名则德损；士大夫忧国为民，当有其心，不当有其语，有其语则毁来。

待人而留有余不尽之恩礼，则可以维系无厌之人心；御事而留有余不尽之才智，则可以提防不测之事变。

遇事只一味镇定从容，纵纷若乱丝，终当就绪；待人无半毫矫伪欺隐，虽狡如山鬼，亦自献诚。

明　洪自诚《菜根谭》

作人只是一味率真，踪迹虽隐还显；存心若有半毫未净，事为虽公亦私。

作人无甚高远的事业，摆脱得俗情，便入名流；为学无甚增益的工夫，减除得物累，便臻圣境。

处世让一步为高，退步即进步的张本；待人宽一分是福，利人实利己的根基，处世不必邀功，无过便是功；与人：不要感德，无怨便是德。

处治世宜方，处乱世当圆，处叔季之世当方圆并用；待善人宜宽，待恶人当严，待庸众之人宜宽严互存。

我有功于人不可念，而过则不可不念；人有恩于我不可忘，而怨则不可不忘。

曲意而使人喜，不若直节而使人忌；无善而致人誉，不如无恶而致人毁。

害人之心不可有，防人之心不可无，此戒疏于虑者；宁受人之欺，毋逆人之诈，此警伤于察者。二语并存，精明浑厚矣。

作人无一点真恳的念头，便成个花子，事事皆虚；涉世无一段圆活的机趣，便是个木人，处处有碍。

明　洪自诚《菜根谭》

涉世浅点染亦浅，历事深机械亦深。① 故君子与其练达，不若朴鲁；与其曲谨，不若疏狂。

藏巧于拙，用晦而明，寓清于浊，以屈为伸，真涉世之一壶，②藏身之三窟也。

【注释】①机械：这里指机巧权术。②壶：比喻天地宇宙。

明　洪自诚《菜根谭》

觉人之诈，不形于言；受人之侮，不动于色。此中有无穷意味，亦有无穷受用。

受人之恩，虽深不报，怨则浅亦报之；闻人之恶，虽隐不疑，善则显亦疑之，此刻之极，薄之尤也，宜切戒之。

处世不必与俗同，亦不宜与俗异；作事不必令人喜，亦不可令人憎。

口乃心之门，守口不密，泄尽真机；意乃心之足，防意不严，走尽邪蹊。

明　洪自诚《菜根谭》

欲遇变而无仓忙，须向常时念念守得定；欲临死而无贪恋，须向生时事事看得轻。

明　洪自诚《菜根谭》

持身如泰山九鼎，凝然不动，则愆尤自少；应事若流水落花，悠然而逝，则趣味常多。

明　洪自诚《菜根谭》

持身涉世，不可随境而迁，须是大火流金而清风穆然，严霜杀物而和气蔼然，阴霾翳空而慧日朗然，洪涛倒海而砥柱屹然，方是宇宙内的真人品。

明　洪自诚《菜根谭》

宁有求全之毁，不可有过情之誉；宁有无妄之灾，不可有非分之福。

明　洪自诚《菜根谭》

不责人小过，不发人阴私，不念人旧恶：三者可以养德，亦可以远害。

明 洪自诚《菜根谭》

不可乘喜而轻诺，不可因醉而生瞋，不可乘快而多事，不可因倦而鲜终。

明 洪自诚《菜根谭》

人不可孤立，孤立则危，天子之尊，至于一夫而亡，况其下乎？一家之亲而外，在宗族当不失宗族之心，在亲戚当不失亲戚之心，以至乡党朋友亦如之，朝廷邦国亦如之。欲得其心非他，忠信以存心，敬慎以行己，平恕以接物而已。人情不远，一人可处，则人人可处，独病在吾有所不尽耳。是以君子不求人，求己；不责人，责己。

处人伦事物之间，有顺有逆，即不能无德怨。自处之道，有树德，无树怨，固然也。人情则不可知，处人之道，我有德于人，无大小不可不忘，人有德于我，虽小不可忘也。若夫怨出于己，当反己而与人平之。其自人施于我，则当权其轻重大小，轻且小者，可忘忘之，重而大者，报之为直，不能报为耻。要之作事当慎谋其始，德不可轻受于人，怨须有预远之道，施德当体上天栽者培之心，处人则念怨不在大，期于伤心之义，小如陵侮侵夺等类，大则义关伦纪者也。

明 张履祥《训子语》

凡做人须有宽和之气，处家不论贫富，亦须有宽和之气，此是阳春景象，百物由以生长。若一向刻急烦细，虽所执未为不是，不免秋杀气象，百物随以凋殒，感召之理有然，天道人事，常相依也。

做人最忌是阴恶，处心尚阴刻，作事多阴谋，未有不殃及子孙者。语云：有阴德者，必有阳报。先人有言：存心常畏天知。吾于斯言，夙夜念之。

明 张履祥《训子语》

昔人有言，天下甚事，不因忙后错了？世仪道：天下甚事，不因怒后错了？怒则忙，忙则错，气一动时，不可不即时检点。

人能常知此身之贵，常念此身之重，则自能不淫于色，切莫做识得破、忍不过的事。

人视瞻须平正，上视者傲，下视者弱，偷视者奸，邪视者淫。惟圣贤则正瞻平视，所谓存乎人者，莫良于眸子也。

人相生于天然，语有之，有心无相，相逐心生，有相无心，相随心灭。知上视之非，则去其傲，知下视之非，则去其弱，知偷视之非，则去其奸，知邪视之非，则去其淫，心既平正，则视瞻不期平正，而自无不平正矣。此之谓修身，此之谓欲修其身者，先正其心。

凡处事，须视小如大，又须视大如小。视小如大见小心，视大如小见作用。昔人所谓胆欲大而心欲小也。

清　陆世仪《陆桴亭思辨录》

彼之理是，我之理非，我让之；彼之理非，我之理是，我容之。

清《格言联璧》

事后论人，局外论人，是学者大病。事后论人，每将知人说得极愚；局外论人，每将难事说得极易；二者皆从不忠不恕生出。

人最不可轻易疑人，今如误打骂人，人可回手回口。若误疑人，则此人一举一动，我有十分揣摩，他无一毫警觉，终身冤诬，那得申时？此逆亿所以为薄道也。

人做事，极不可迁滞，不可反复，不可烦碎。代人做事，又极要耐得迁滞，耐得反复，耐得烦碎。

凡人皆不可侮，无用人尤不可侮。盖无用之人，无势力，无才智，天至此也。……

清　魏禧《魏叔子目录》

小善小恶，最易忽略。凡人日用云为，①小小害道，自谓无妨。不知此"无妨"二字，种祸最毒。今之自暴自弃，下愚不肖，总只此"无妨"二字，不知不觉，积成大恶。故古之君子，克勤小物，②非是务小遗大。盖小者犹不可忽，况大事乎！二子皆有为善之姿与为善之心，③但自是之病未除，④是己则非人，⑤种毒非小。又气质粗浮，忽略微细，故为三复昭烈之言。⑥《易》曰："小人以小善为无益而弗为也，以小恶为无伤而弗去也，故恶积而不可掩，罪大而不可解。"每读《易》至此，未尝不惊魂动魄，心胆堕地也。二子毋易吾言，戒谨恐惧，庶几寡过。⑦

【注释】①云为：言语行为。②克勤小物：能够在小事情上勤谨小心。③二子：陈确之子，即长子陈翼，次子陈禾。④自是之病：即自以为是的毛病。⑤是己则非人：认为自己的是正确的，那么别人的就是错误的。⑥三复昭烈之言：三复，指反复强调；昭烈之言，指三国蜀昭烈帝刘备《遗诏敕后主》："勿以恶小而为之，勿以善小而不为"这句话。⑦寡过：指减少过错。

清　陈确《陈确集》

强凌弱，众暴寡，势利之天下，岂自今日始？惟有坚毅卓立之精神足敌之。从古跻帝王卿相之尊者有是精神，①为圣贤豪杰者有是精神，临难不畏，逢敌不惧，故能不亢不卑而成大业。

余性素刚强，每喜与京师名公巨卿之作威作福者寻仇，亦未尝无卓立坚毅之精神，不畏强御，务使欲心敛迹而后已。近来入世稍深，觉天地间刚柔不可偏废：太刚则易折，太柔则易靡；②刚非暴戾恣睢之谓也，③强矫可已；柔非卑弱懦下之谓也，谦退可已。创家业则刚，乐守成则柔；与名公巨卿论国事则刚，与兄弟父子论享受则柔。若名已立而功已成，广置田园，大兴土木，劳工而废财，乃自满之象，非谦退之道也。其业易隳，④其名易裂，非吾所乐闻也。

【注释】①跻：登上。②靡：倒，此处指屈从，屈服。③暴戾恣睢：任意放纵，凶狠残暴。④隳：毁坏。

清　彭玉麟《彭刚直公书牍》

修身养性

——警示后人的1000条中华古训

日中则昃，①月盈则食。天地盈虚，与时消息，而况于人乎，况于鬼神乎？

【注释】①昃：太阳西斜。

先秦 《易经》

善不积不足以成名，恶不积不足以灭身。小人以小善为无益而弗为也，以小恶为无伤而弗去也，故恶积而不可掩，罪大而不可解。

先秦 《易经》

吾言甚易知，甚易行。天下莫能知，莫能行。言有宗，事有君。夫惟无知，是以不我知。知我者希，则我者贵。是以圣人被褐怀玉。

先秦 《老子》

知而不知，尚矣；不知而知，病矣。夫惟病病，是以不病。是以圣人之不病也，以其病病也，是以不病。

先秦 《老子》

司马牛问君子。子曰："君子不忧不惧。"曰："不忧不惧，斯谓之君子已乎？"子曰："内省不疚，夫何忧何惧？"

先秦 《论语》

孔子曰："君子有九思：视思明，听思聪，色思温，貌思恭，言思忠，事思敬，疑思问，忿思难，见得思义。"

先秦 《论语》

子曰："弟子，入则孝，出则悌，谨而信，①泛爱众，而亲仁。行有余力，则以学文。"

【注释】①谨：少说话

先秦 《论语》

曾子曰："吾日三省吾身：为人谋而不忠乎？与朋友交而不信乎？①传不习乎？②"

【注释】①信：诚实。②传：指老师传授知识。

先秦 《论语》

子曰："巧言、令色、足恭，左丘明耻之，丘亦耻之。匿怨而友其人，左丘明耻之，丘亦耻之。"

先秦 《论语》

子曰："见贤思齐焉，见不贤而内自省也。"

先秦 《论语》

子曰："三人行，必有我师焉：择其善者而从之，其不善者而改之。"

先秦 《论语》

子张问善人之道。子曰："不践迹，亦不入于室。"

先秦 《论语》

子张问行。子曰:"言忠信,行笃敬,虽蛮貊之邦,行矣。言不忠信,行不笃敬,虽州里,行乎哉?立则见其参于前也,在舆则见其倚于衡也,夫然后行。"子张书诸绅。①

【注释】①绅:古代士大夫束在衣外的大带。

先秦 《论语》

子曰:"德之不修,学之不讲,闻义不能徙,不善不能改,是吾忧也。"

先秦 《论语》

子路问君子。子曰:"修己以敬。"曰:"如斯而已乎?"曰:"修己以安人。"曰:"如斯而已乎?"曰:"修己以安百姓。修己以安百姓,尧舜其犹病诸?"

先秦 《论语》

子夏曰:"大德不逾闲,小德出入可也。"

先秦 《论语》

子贡曰:"君子之过也,如日月之食焉:过也,人皆见之;更也,人皆仰之。"

先秦 《论语》

子张问仁于孔子。孔子曰:"能行五者于天下为仁矣。""请问之。"曰:"恭,宽,信,敏,惠。恭则不侮,宽则得众,信则人任焉,敏则有功,惠则足以使人。"

先秦 《论语》

是故置本不安者,无务丰末,近者不亲,无务来远;亲戚不附,无务外交;事无终始,无务多业;举物而暗,无务博闻。是故先王之治天下也,必察迩来远。君子察迩而迩修者也。见不修行，见毁，而反之身者也，此以怨省而行修矣。谮慝之言，无入之耳；批扞之声，无出之口；杀伤人之孩，无存之心，虽有诋訐之民，无所依矣。

先秦　墨翟《墨子》

君子之道也，贫则见廉，富则见义，生则见爱，死则见哀。四行者不可虚假，反之身者也。藏于心者无以竭爱，动于身者无以竭恭，出于口者无以竭驯。畅之四支，①接之肌肤，华发隳颠，而犹弗舍者，其唯圣人乎！

【注释】①支：同"肢"，肢体。

先秦　墨翟《墨子》

志不强者智不达，言不信者行不果。据财不能以分人者，不足与友；守道不笃、遍物不博、①辩是非不察者，不足与游。本不固者末必几，②雄而不修者，③其后必隳，原浊者流不清，行不信者名必耗。④名不徒生，而誉不自长，功成名遂，名誉不可虚假，反之身者也。务言而缓行，虽辩必不听；多力而伐功，虽劳必不图。慧者心辩而不繁说，多力而不伐功，此以名誉扬天下。言无务为多而务为智，无务为文而务为察。故彼智无察，在身而情，反其路者也。善无主于心者不留，行莫辩于身者不立。名不可简而成也，誉不可巧而立也，君子以身载行者也。思利寻焉，忘名忽焉，可以为士于天下者，未尝有也。

【注释】①遍：通"辩"。②几：即微；或为危。③雄：即勇。④耗：减、败的意思。

先秦　墨翟《墨子》

孟子曰："……祸福无不自己求之者。《诗》云：'永言配命，④自求多福。'《太甲》②曰：'天作孽，犹可违；自作孽，不可活。'③此之谓也"。

【注释】①永言配命：永，长的意思，"配命"，意思是我周朝之命与天命相配。②《太甲》：《尚书》篇名，已失传。③活：逃。

先秦　孟轲《孟子》

孟子曰："爱人不亲，反其仁；治人不治，反其智；礼人不答，反其敬——行有不得者皆反求诸己，其身正而天下归之。"

先秦　孟轲《孟子》

孟子曰："不仁者可与言哉？安其危而利其菑，①乐其所以亡者。不仁而可与言，则何亡国败家之有？有孺子歌曰：'沧浪之水清兮，可以濯我缨；沧浪之水浊兮，可以濯我足'，孔子曰：'小子听之！清斯濯缨，浊斯濯足矣。自取之也。'夫人必自侮，然后人侮之；家必自毁，而后人毁之；国必自伐，而后人伐之"。

【注释】①菑：通"灾"。

先秦　孟轲《孟子》

孟子曰："君子所以异于人者，以其存心也。君子以仁存心，以礼存心。仁者爱人，有礼者敬人。爱人者，人恒爱之；敬人者，人恒敬之。有人于此，其待我以横逆，则君子必自反也：我必不仁也，必无礼也，此物奚宜至哉？其自反而仁矣，自反而有礼矣，其横逆由是也，君子必自反也，我必不忠。自反而忠矣，其横逆由是也，君子曰；'此亦妄人也已矣。如此，则与禽兽奚择哉？于禽兽又何难焉？'是故君子有终身之忧，无一朝之患也。乃若所忧则有之：舜，人也；我，亦人也。舜为法于天下，可传于后世，我由未免为乡人也，是则可忧也。忧之如何？如舜而已矣。若夫君子所患则亡矣。非仁无为也，非礼无行也。如有一朝之患，则君子不患矣。"

先秦　孟轲《孟子》

孟子曰："言近而指远者，善言也；守约而施博者，善道也。君子之言也，不下带而道存焉；君子之守，修其身而天下平。人病舍其田而芸人之田——所求于人者重，而所以自任者轻。"

先秦　孟轲《孟子》

昔者瓠巴鼓瑟而流鱼出听，①伯牙鼓琴而六马仰秣。②故声无小而不闻，行无隐而不形。玉在山而草木润，渊生珠而崖不枯。为善不积邪，③安有不闻者乎？

【注释】①瓠巴：传说是古代善于弹瑟的人。流，当作"沉"。②仰秣：意为为天子驾车的马被琴声所吸引，仰起头来，连饲料都不吃了。③邪：同"也"。

先秦　荀况《荀子》

老老，①而壮者归焉；不穷穷，而通者积焉；行乎冥冥而施乎无报，而贤、不肖一焉：人有此三行，虽有大过，天其不遂乎。②

【注释】①老老：敬老。②遂：通"坠"，毁灭。

先秦　荀况《荀子》

见善，修然必以自存也；见不善，愀然必以自省也；善在身，介然必以自好也；不善在身，菑然必以自恶也。故非我而当者，吾师也；是我而当者，吾友也；谄谀我者，吾贼也。故君子隆师而亲友，以致恶其贼。好善无厌，受谏而能诫，虽欲无进，得乎哉？小人反是，致乱，而恶人之非己也；致不肖，而欲人之贤己也；心如虎狼，行如禽兽，而又恶人之贼己也。谄谀者亲，谏争者疏，修正为笑，至忠为贼，虽欲无灭亡，得乎哉？《诗》曰："噏噏呰呰，①亦孔之哀。②谋之其臧，③则具是违；谋之不臧，则具是依"。④此之谓也。

【注释】①噏噏：相附和。呰呰：相诋毁。意为"谄谀者亲"，"谏争者疏"。②孔：大，很。③臧：善，好。④具：即"俱"。

先秦　荀况《荀子》

君子之求利也略，①其远害也早，其避辱也惧，其行道理也勇。

君子贫穷而志广，富贵而体恭，安燕而血气不惰，②劳倦而容貌不枯，怒不过夺，③喜不过予。君子贫穷而志广，隆仁也；④富贵而体恭，杀势也；安燕而血气不惰，柬理也；⑤劳倦而容貌不枯，好文也；怒不过夺，喜不过予，是法胜私也。《书》曰："无有作好，遵王之道；无有作恶，遵王之路。"此言君子之能以公义胜私欲也。

【注释】①略：疏略，不计较。②安燕：安逸。③过夺：过分地处罚人。予、夺原意为赐予和剥夺，这里引申为嘉许、贬抑。④隆仁。仁爱之心广大。⑤柬理：谓生活合理而不务骄惰。

先秦　荀况《荀子》

君子养心莫善于诚，致诚则无它事矣，唯仁之为守，唯义之为行。诚心守仁则形，形则神，神则能化矣；诚心行义则理，理则明，明则能变矣。变化代兴，谓之天德。天不言而人推高焉，地不言而人推厚焉，四时不言而百姓期焉：①夫此有常，以至其诚者也。君子至德，嘿然而喻，未施而亲，不怒而威：夫此顺命，以慎其独者也。善之为道者，不诚则不独，不独则不形，不形则虽作于心，见于色，出于言，民犹若未从也，虽从必疑。天地为大矣，不诚则不能化万物；圣人为知矣，不诚则不能化万民；父子为亲矣，不诚则疏；君上为尊矣，不诚则卑。夫诚者，君子之所守也，而政事之本也。唯所居以其类至，操之则得之，舍之则失之。操而得之则轻，②轻则独行，独行而不舍则济矣。济而材尽，③长迁而不反其初，则化矣。

【注释】①期：知道时间和季节的到来与推移。②轻：不费力。③材尽：谓才能性格得到完全发展。

先秦　荀况《荀子》

有通士者，有公士者，有直士者，有悫士者，①有小人者。上则能尊君，下则能爱民，物至而应，事起而辨，若是则可谓通士矣。不下比以暗上，不上同以疾下，分争于中，不以私害之，若是则可谓公士矣，身之所长，上虽不知，不以悖君；身之所短，上虽不知，不以取赏；长短不饰，以情自竭，②若是则可谓直士矣。庸言必信之，庸行必慎之，畏法流俗，而不敢以其所独甚，若是则可谓悫士矣。言无常信，行无常贞，唯利所在，无所不倾，若是则可谓小人矣。

【注释】①悫：诚笃；忠厚。②以情自竭：如实地反映自我。情，真实；竭，无保留。

先秦　荀况《荀子》

快快而亡者，怒也；察察而残者，忮也；博而穷者，訾也；清之而愈浊者，口也；豢之而愈瘠者，交也；辩而不说者，争也；直立而不见知者，胜也；廉而不见贵者，刿也；①勇而不见惮者，贪也；信而不见敬者，好专行也。此小人之所务，而君子之所不为也。

【注释】①刿：刺伤。

先秦　荀况《荀子》

君子之度己则以绳，接人则用枻。①度己以绳，故足以为天下法则矣；接人用枻，故能宽容，因众以成天下之大事矣。故君子贤而能容罢，②知而能容愚，博而能容浅，粹而能容杂，夫是之谓兼术。《诗》曰："徐方既同，天子之功。"此之谓也。

【注释】①枻：短桨，船工有时用它接引乘客登舟。②罢：即"疲"，疲弱不能任事。

先秦　荀况《荀子》

以从俗为善，以货财为宝，以养生为己至道，是民德也。行法志坚，①不以私欲乱所闻，如是，则可谓劲士矣。行法志坚，好修正其所闻，以桥饰其情性；②其言多当矣，而未谕也；其行多当矣，而未安也；其知虑多当矣，而未周密也；上则能大其所隆，下则能开道不己若者；如是，则可谓笃厚君子矣。修百王之法，若辨白黑；应当时之变，若数一二；行礼要节而安之，③若生四枝；要时立功之巧，若诏四时；平正和民之善，亿万之众而博若一人；④如是，则可谓圣人矣。

【注释】①行法：行动合法。志：原作"至"。下同。②桥饰：整饬。桥，通"矫"。③要节：以节义约束自己。④博：当为"抟"字之误。抟，聚集。

先秦　荀况《荀子》

曾子曰："无内人之疏而外人之亲，无身不善而怨人，无刑已至而呼天。内人之疏而外人之亲，不亦反乎！身不善而怨人，不亦远乎！刑已至而呼天，不亦晚乎！诗曰：'涓涓源水，不雝不塞。毂已破碎，①乃大其辐。②事已败矣，乃重大息。'其云益乎！"

【注释】①毂：车轮中心的圆木。②大其辐：加大轮辐。辐，车轮中凑集于中心毂上的直木。

先秦　荀况《荀子》

古之欲明明德于天下者，先治其国；欲治其国者，先齐其家；欲齐其家者，先修其身；欲修其身者，先正其心；欲正其心者，先诚其意；欲诚其意者，先致其知。致知在格物，物格而后知至。知至而后意诚，意诚而后心正，心正而后身修，身修而后家齐，家齐而后国治，国治而后天下平。自天子以至于庶人，壹是皆以修身为本。①其本乱而末治者否矣；其所厚者薄，而其所薄者厚，未之有也。此谓知本，此谓知之至也。

【注释】①壹是：一切。

先秦　《礼记》

所谓齐其家在修其身者，人之其所亲爱而辟焉，之其所贱恶而辟焉，之其所畏敬而辟焉，之其所哀矜而辟焉，之其所敖惰而辟焉。故好而知其恶，恶而知其美者，天下鲜矣。故谚有之曰："人莫知其子之恶，莫知其苗之硕。"此谓身不修，不可以齐其家。

先秦　《礼记》

君子有诸己，而后求诸人，无诸己而后非诸人。所藏乎身不恕，而能喻诸人者，未之有也。

先秦　《礼记》

所谓修身在正其心者，身有所忿懥，①则不得其正。有所恐惧，则不得其正。有所好乐，则不得其正。有所忧患，则不得其正。心不在焉，视而不见，听而不闻，食而不知其味，此谓修身在正其心。

【注释】①忿懥：愤怒。

先秦　《礼记》

子曰："口惠而实不至，怨灾及其身。是故君子与其有诺责也，宁有已怨。"

先秦　《礼记》

敖不可长，欲不可从，志不可满，乐不可极。

先秦　《礼记》

昔者先圣王，成其身而天下成，治其身而天下治。故善响者不于响于声，善影者不于影于形，为天下者不于天下于身。《诗》曰："淑人君子，其仪不忒。其仪不忒，正是四国"，言正诸身也。故反其道而身善矣；行义则人善矣；乐备君道，而百官已治矣，万民已利矣。三者之成也，在于无为。无为之道曰胜天，义曰利身，君曰勿身。勿身督听，利身平静，胜天顺性。顺性则聪明寿长，平静则业进乐乡，督听则奸塞不皇。①故上失其道则边侵于敌，内失其行，名声堕于外。

【注释】①皇：同徨，即徘徊疑惑之意。

先秦 《吕氏春秋》

孔子见鲁哀公,哀公曰:"有语寡人曰:'为国家者,为之堂上而已矣。'寡人以为迂言也。"孔子曰:"此非迂言也。丘闻之:'得之于身者得之人,失之于身者失之人。'不出于门户而天下治者,其唯知反于己身者乎!"

先秦 《吕氏春秋》

主道约,君守近。太上反诸己,其次求诸人。其索之弥远者,其推之弥疏;其求之弥疆者,失之弥远。

何谓反诸己也?适耳目,节嗜欲,释智谋,去巧故,而游意乎无穷之次,事心乎自然之涂,若此则无以害其天矣。无以害其天则知精,知精则知神,知神之谓得一。凡彼万形,得一后成。故知一,则应物变化,阔大渊深,不可测也。德行昭美,比于日月,不可息也。豪士时之,远方来宾,不可塞也。意气宣通,无所束缚,不可收也。

先秦 《吕氏春秋》

谓门人学者,舜何人也?我何人也?夫启耳目,载心意,从立移徙,与我同性。而舜独有贤圣之名,明君子之实;而我曾无邻里之闻,宽徇之智者。独何与?然则舜俟俯而加志,①我儃僈而弗省耳。②

【注释】①俟俯:勤勉;努力。②儃僈:同"诞谩",放纵的意思。

汉 贾谊《贾谊集》

兰生幽谷,不为莫服而不芳;君子行义,不为莫知而止休。

汉 刘安《淮南子》

颜回将西游,问孔子曰:"何以为身?"孔子曰:"恭、敬、忠、信,可以为身。恭则免于众,敬则人爱人,忠则人与人,信则人恃人。人所爱,人所与,人所恃,必免于患矣。可以临国家,何况于身乎?故不比数而比疏，不亦远乎？不修中而修外，不亦反乎？不先虑事，临难乃谋，不亦晚乎？"

汉　刘向《说苑》

口者关也，舌者机也，出言不当，四马不能追也。口者关也，舌者兵也，出言不当，反自伤也。言出于己，不可止于人，行发于迩，不可止于远。夫言行者，君子之枢机。枢机之发，荣辱之本也，可不慎乎！故蒯子羽曰："言犹射也，栝既离弦，①虽有昕悔焉，不可从而追已。"《诗》曰："白珪之玷，尚可磨也，斯言之玷，不可为也。"

【注释】①栝：箭末扣弦之处。

汉　刘向《说苑》

怨生于不报，祸生于多福；安危存于自处；不困在于蚤豫；存亡在于得人；慎终如始，乃能长久。能行此五者，可以全身。

汉　刘向《说苑》

修身正行，不可以不慎。嗜欲使行亏，谗谀乱正心，众口使意回。忧患生于所忽，祸起于细微，污辱难湔洒，①败事不可后追。不深念远虑，后悔当几何！夫徼幸者，伐性之斧也；嗜欲者，逐祸之马也；谩谀者，穷辱之舍也；取虐于人者，趋祸之路也。故曰："去徼幸，务忠信，节嗜欲，无取虐于人，则称为君子，名声常存。"

【注释】①湔洒：洗濯。引申为洗刷污秽。

汉　刘向《说苑》

齐王问墨子曰："古之学者为己，今之学者为人，何如？"对曰："古之学者，得一善言，以附其身；今之学者，得一善言，务以悦人。"

汉　刘向《新序》

修身以为弓，矫思以为矢，立义以为的，奠而后发，发必中矣。

人之性也，善恶混。修其善则为善人，修其恶则为恶人。气也者，所以适善恶之马也与？

汉　扬雄《法言》

或曰："孔子之事多矣，不用，则亦勤且忧乎？"曰："圣人乐天知命，乐天则不勤，知命则不忧。"

汉　扬雄《法言》

或问："仁、义、礼、智、信之用。"曰："仁，宅也。义，路也。礼，服也。智，烛也。信，符也。处宅，由路，正服，明烛，执符，君子不动，动斯得矣。"

汉　扬雄《法言》

或问："何如斯谓之人？"曰："取四重，去四轻，则可谓之人。"曰："何谓四重？"曰："重言，重行，重貌，重好。言重则有法，行重则有德，貌重则有威，好重则有观。""敢问四轻。"曰："言轻则招忧，行轻则招辜，貌轻则招辱，好轻则招淫。"

汉　扬雄《法言》

人心莫不有理道，至乎用之则异矣。或用乎己，或用乎人。用乎己者，谓之务本；用乎人者，谓之追末。君子之理也，先务其本，故德建而怨寡；小人之理也，先追其末，故功废而仇多。……夫见人而不自见者谓之矇，①闻人而不自闻者谓之聩，虑人而不自虑者谓之瞀，②故明莫大乎自见，聪莫大乎自闻，睿莫大乎自虑。

【注释】①矇：睁眼瞎子。②瞀：愚昧。

三国·魏　徐幹《中论》

君子必贵其言。贵其言则尊其身，尊其身则重其道，重其道所以立其教。言费则身贱，身贱则道轻，道轻则教废。故君子非其人则弗与其言，若与之言，必以其方。……君子之与人言也，使辞足以达其知虑之所至，事足以合其性情之所安，弗过其任而强牵制也。苟过其任而强牵制，则将昏瞀委滞而遂疑君子以为欺我也。

三国·魏　徐幹《中论》

才敏过人未足贵也，博辩过人未足贵也，勇决过人未足贵也；君子之所贵者，迁善惧其不及，改过恐其有余。

三国·魏　徐幹《中论》

（王昶曰）"人或毁己，当退而求之于身，若己有可毁之行，则彼言当矣；若己无可毁之行，则彼言妄矣。当则无怨于彼，妄则无害曰：'救寒莫如重裘，止谤莫如自修'，斯言信矣。"

晋　陈寿《三国志》

怒不变容，喜不失节，故是最为难。

晋　陈寿《三国志》

名之与实，犹形之与影也。德艺周厚，①则名必善焉；容色姝丽，则影必美焉。今不修身而求令名于世者，犹貌甚恶而责妍影于镜也。上士忘名，中士立名，下士窃名。忘名者，体道合德，享鬼神之福祐，非所以求名也；立名者，修身慎行，惧荣观之不显，②非所以让名也；窃名者，厚貌深奸，干浮华之虚称，非所以得名也。

【注释】①德艺周厚：谓德行文艺周备笃厚。②荣观：即荣名；荣誉。

北齐　颜之推《颜氏家训》

人足所履，不过数寸，然而咫尺之途，必颠蹶于崖岸；拱把之梁，每沉溺于川谷者，何哉？为其旁无余地故也。君子之立己，抑亦如之。至诚之言，人未能信；至洁之行，物或致疑，皆由言行声名，无余地也。吾每为人所毁，常以此自责。若能开方轨之路，广造舟之航，则仲由之言信，重于登坛之盟，赵熹之降城，贤于折冲之将矣。

北齐　颜之推《颜氏家训》

铭金人云："无多言，多言多败；无多事，多事多患。"至哉斯戒也！能走者夺其翼，善飞者灭其指，①有角者无上齿，丰后者无前足，盖天道不使物有兼焉也。

【注释】①指：清人郝懿行认为"指"为"趾"之讹。

北齐　颜之推《颜氏家训》

《礼》云："欲不可纵，志不可满。"宇宙可臻其极，情性不知其穷，唯在少欲知足，为立涯限尔。①先祖靖侯戒子侄曰："汝家书生门户，世无富贵；自今仕宦不可过二千石，婚姻勿贪势家。"吾终身服膺，②以为名言也。

【注释】①涯限：界限。②服膺：谨记在心；衷心信服。

北齐　颜之推《颜氏家训》

古之有道者，内不失真，而外不殊俗，夫如此，故全也。

隋　王通《中说》

夫修身正行，不可以不慎；谋虑机权，不可以不密。忧患生于所忽；祸害兴于细微。人恓不慎密者，多有终身之悔。故言易泄者，召祸之媒也；事不慎者，取败之道也。明者视于无形，聪者听于无声；谋者谋于未兆，慎者慎于未成；不困在于早虑；不穷在于早豫。非所言勿言，以避其患；非所为勿为，以避其危。孔子曰："终日言不遗己之忧；终日行不遗己之患。"唯智者能之。故恐惧战兢，所以除患也；恭敬静密，所以远难也。终身为善，一言败之，可不慎乎？

唐　武则天《臣轨》

勿慕贵与富，勿忧贱与贫；自问道何如，贵贱安足云？闻毁勿戚戚，闻誉勿欣欣；自顾行何如，毁誉安足论？无以意傲物，以远辱于人；无以色求事，以自重其身。游与邪分歧，居与正为邻。于中有取舍，此外无疏亲。修外以及内，静养和与真。养内不遗外，动率义与仁。千里始足下，高山起微尘。吾道亦如此，行之贵日新。不敢规他人，聊自书诸绅。终身且自勖，身殁贻后昆；后昆苟反是，非我之子孙！

唐　白居易《白居易集》

嗟夫！予尝求古仁人之心，或异二者之为，何哉？不以物喜，不以己悲。居庙堂之高，则忧其民；处江湖之远，则忧其君：是进亦忧，退亦忧。然则何时而乐耶？其必曰："先天下之忧而忧，后天下之乐而乐"欤！

宋　范仲淹《范文正公集》

清心为治本，直道是身谋。

宋　包拯《包拯集》

或问："子绝四，何以始于毋意？"迂叟曰："吉凶悔吝，未有不生乎事者也。事之生，未有不本乎意者也。意必自欲，欲既立于此矣，于是乎有从有违，从则有喜、有乐、有爱；违则有怒、有哀、有恶。此人之常情也。爱实生贪，恶实生暴，贪暴恶之大者也。是以圣人除其萌，塞其源，恶奚自而至哉？"或曰："毋意于恶，既闻矣，敢问圣人亦毋意于善乎？"曰："不然。圣人之为善，其有意乎其间哉？事至而应之以礼义耳。礼者，履也。循礼则事无不行。义者，宜也。守义则事无不得。圣人执礼义以待事，不为善而善至矣。圣人岂有意乎其间哉？"

宋　司马光《司马文正公传家集》

意诚而心正，则无所为而不正。故孔子曰："《诗》三百，一言以蔽之，曰：思无邪。"此《诗》之言。故曰："《诗》三百，一言以蔽之"也，非以它经为有异乎此也。吾之所爱者为此，则彼者吾之所弃也。所谓"彼哉彼哉"者，盖孔子之所弃也。孔子曰："管仲如其仁"，仁也。扬子谓"屈原如其智"，不智也。犹之《诗》以不明为明，又以不明为昏。考其辞之终始，则其文虽同，不害其意异也。

　　　　　　　　　　　　　　　　　　宋　王安石《临川先生文集》

　　君子之所不至者三：不失色于人，不失口于人，不失足于人。不失色者，容貌精也；不失口者，语默精也；不失足者，行止精也。君子之道也，语其大则天地不足容也。语其小则不见秋毫之末，语其强则天下莫能敌也，语其约则不能致传记。圣人之遗言曰"大礼与天地同节，大乐与天地同和"，盖言性也。大礼性之中，大乐性之和，中和之情通乎神明。故圣人储精九重而仪凤凰，修五事而关阴阳，是天地位而三光明，四时行而万物和。《诗》曰："鹤鸣于九皋，声闻于天。"故孟子曰："吾善养吾浩然之气，充塞乎天地之间。"扬子曰："貌、言、视、听、思，性所有，潜天而天，潜地而地也。"

　　　　　　　　　　　　　　　　　　宋　王安石《临川先生文集》

　　人贵剖判，心下令其分明，善理明之，恶念去之，若义利，若善恶，若是非，毋使混淆不别于其心。譬如处一家之事，取善舍恶；又如处一国之事，取得舍失；处天下之事，进贤退不肖。蓄疑而不决者，其终不成。

　　　　　　　　　　　　　　　　　　宋　黎靖德《朱子语类》

　　人心常烱烱在此，则四体不待羁束，而自入规矩。只为人心有散缓时，故立许多规矩来维持之。但常常提警，教身入规矩内，则此心不敢逸，而烱然存矣。心既常惺惺，又以规矩绳检之，此内外交相养之道也。

　　　　　　　　　　　　　　　　　　宋　黎靖德《朱子语类》

　　亮两年来，方悟孟子所谓"人之所以异于禽兽者几希"。仁予我何常之有！朝可夷而暮可跖也。①不仁于我亦何常之有！朝可跖而暮可夷也。"惟圣罔念作狂，惟狂克念作圣"，非圣人姑为是训；"无若丹朱傲，②无若受之酗于酒"，③亦非独忧治世而危明主：人心无常，果如是也。……古之贤者，其自危盖如此，此所以不愧屋而心广体胖也。世之学者玩心于无形之表，以为卓然而有见。事物虽众，此其得之浅者，不过如枯木死灰而止耳。得之深者，纵横妙用，肆而不约，安知所谓文理密察之道！泛于中流，无所砥止，犹自谓其有得，岂不可哀也哉！故格物致知之学，圣人所以惓惓于天下后世④，言之而无隐也。

【注释】①朝可夷而暮可跖：夷，伯夷；跖，柳下跖。指清廉和贪得的人。②丹朱：帝尧之子。尧因丹朱不肖，禅位于舜。③受：即商纣王。④惓惓：同"拳拳"，诚恳、深切之意。

宋　陈亮《陈亮集》

勉人为善，谏人为恶，固是美事。先须自省，若我之平昔，自不能为人，岂惟人不见听，亦反为人所薄。且如己之立朝可称，乃可诲人以立朝之方；己之临政有效，乃可诲人以临政之术；己之才学为人所尊，乃可诲人以进修之要；己之性行为人所重，乃可诲人以操履之详；己能身致富厚，乃可诲人以治家之法；己能处父母之侧而谐和无间，乃可诲人以至孝之行。苟为不然，岂不反为所笑。

宋　袁采《袁氏世范》

人虽至愚，责人则明；虽有聪明，恕己则昏。苟能以责人之心责己，恕己之心恕人，不患不至圣贤地位也。

元　脱脱《宋史》

人所同者谓礼，我所独者溜己。学者多执一己定见，而不能大同于俗，是以入于非礼也。非礼之礼，大人勿为；真己无己，有己既克。此颜子（渊）之四勿也。是四勿也，即四绝也，即四无也，即四不也。四绝者，绝意、绝必、绝固、绝我是也。四无者，无适、无莫、无可、无不可是。四不者，《中庸》卒章所谓不见、不动、不言、不显是也。颜子得之而不迁不贰，则即勿而不；由之而勿视勿听，则即不而勿。此千古绝学，惟颜子足以当之。颜子没而其学遂亡，故曰"未闻好学者"。

明　李贽《焚书》

士君子只求四真：真心、真口、真耳、真眼。真心，无妄念。真口，无杂语。真耳，无邪闻。真眼，无错识。

明　吕坤《呻吟语》

作好人，眼前觉得不便宜，总算来是大便宜；作不好人，眼前觉得便宜，总算来是大不便宜。千古以来，成败昭然，如何迷人尚不觉悟，真是可悲！吾为子孙发此真切诚恳之语，不可草草看过。

明　高攀龙《高子遗书》

人须于每日平旦时，常自思曰：我之存心，果无刻薄乎？我之行事，果无乖戾乎？我之责己者，得无太恕乎？我之责人，得毋太苛乎？有则改之，无则加勉。日日行之，当自有进。

清　张伯行《困学录集粹》

（唐甄）谓其子曰："慎乎，尔知尔之不如我乎？君子之道，修身为上，文学次之，富贵为下。苟能修身，不愧于古之人，虽终身为布衣，其贵于宰相也远矣。苟能修身，不愧于古之人，虽老于青衿，①其荣于状元也远矣。"

【注释】①青衿：亦作"青襟"。即读书人所著之服。旧指读书人，明清时代专指秀才。

清　唐甄《潜书》

忍让为居家美德。不闻孟子之言三自反乎？若必以相争为胜，乃是大愚不灵，自寻烦恼。人生在世，安得与我同心者相与共处乎？凡遇不易处之境，皆能长学问识见。孟子"生于忧患"，"存乎疢疾"，①皆至言也。

【注释】①疢：热病。引申之即为病。

清　吴汝纶《桐城吴先生全书》

善莫大于恕，德莫凶于妒。妒者妾妇行，琐琐奚比数。己拙忌人能，己塞忌人遇。己若无事功，忌人得成务。己若无党援，忌人得多助。势位苟相敌，畏逼又相恶。己无好闻望，忌人文名著。己无贤子孙，忌人后嗣裕。争名日夜奔，争利东西骛。但期一声荣，不惜他人污。闻灾或欣幸，闻祸或悦豫。问渠何以然，不自知其故。尔室神来格，高明鬼所顾。天道常好还，嫉人还自误。幽明丛诟忌，乖气相回互。重者灾汝躬，轻亦减汝祚。我今告后生，悚然大觉悟。终身让人道，曾不失寸步。终身祝人善，曾不损尺布。消除嫉妒心，普天零甘露。家家获吉祥，我亦无恐怖。

清　曾国藩《曾文正公家书》

自修之道，莫难于养心。心既知有善知有恶，而不能实用其力，以为善去恶，则谓之自欺。方寸之自欺与否，盖他人所不及知，而己独知之。……则《大学》之所谓自慊，《中庸》之所谓戒慎恐惧，皆能切实行之。即曾子之所谓自反而缩，孟子之所谓仰不愧俯不怍，所谓养心莫善于寡欲，皆不外乎是。

故能慎独，则内省不疚，可以对天地质鬼神，断无行有不慊于心则馁之时。人无一内愧之事，则天君泰然，此心常快足宽平，是人生第一自强之道，第一寻乐之方，守身之先务也。

清　曾国藩《曾文正公家书》

子曰:"君子不重则不威;①学则不固;主忠信,无友不如己者;过则勿惮改。"

子曰:"不患人之不己知,患不知人也。"

【注释】①重:庄重。

先秦 《论语》

子曰:"君子周而不比,①小人比而不周。"

【注释】①周而不比:用道义来相互团结,而不是相互勾结。

先秦 《论语》

子曰:"始吾于人也,听其言而信其行,今吾于人也,听其言而观其行。于予与改是。"①

【注释】①于予与改是:在宰予事件之后,改变了这种态度。

先秦 《论语》

司马牛忧曰:①"人皆有兄弟,我独亡。"②子夏曰:③"商闻之矣:死生有命,富贵在天。君子敬而无失,与人恭而有礼。四海之内,皆兄弟也——君子何患乎无兄弟也？"

【注释】①司马牛：即司马耕，字子牛。孔子的学生。②亡：此处同"无"。③子夏：即卜商。孔子的学生。

先秦 《论语》

子曰："可与言而不与言，失人；不可与言而与之言，失言。知者不失人，亦不失言。"

子曰："道不同，不相为谋。"

先秦 《论语》

孔子曰："益者三友，损者三友。友直，友谅，①友多闻，益矣。友便辟，友善柔，友便佞，损矣。"

【注释】①谅：诚实守信。②便辟：惯于走邪道。③善柔：这里指当面恭维背后毁谤。④便佞：善于以言辞取媚于人。

先秦 《论语》

君子之交淡若水，小人之交甘若醴。君子淡以亲，小人甘以绝。彼无故以合者，则无故以离。

先秦 《庄子》

染于苍则苍，染于黄则黄，所入者变，其色亦变，五入必而已为五色矣；故染不可不慎也。

先秦 墨翟《墨子》

朋而不心，面朋也；友而不心，面友也。

西汉 扬雄《法言》

夫交友之美，在于得贤，不可不详。①而世之交者，不审择人，务合党众,②违先圣人交友之义,此非厚己辅仁之谓也。吾观魏讽,③不修德行,而专以鸠合为务,④华而不实,此直揽世沽名者也。卿其慎之,勿复与通!

【注释】①详:慎重。②务合党众:指拉帮结伙。③魏讽:人名,字子京,因潜结徒党,后被曹操所杀。④鸠合为务:即指专门结交各类一人等,而不区分他们的德行与趣味。

三国·魏　刘虞《诫弟纬书》

坟庳则水纵,①友邪则己僻。②

【注释】①坟庳:指大堤低矮。②僻:不正。

三国·魏　徐幹《中论》

四海之人,结为兄弟,亦何容易。必有志均义敌;令终如始者,方可议之。一尔之后,命子拜伏,呼为丈人,申父友之敬;身事彼亲,亦宜加礼。比见北人,甚轻此节,行路相逢,便定昆季,①望年观貌,不择是非,至有结父为兄,②托子为弟者。③

【注释】①昆季:这里指根据年龄定兄与弟的位次。②结父为兄:指将父亲一辈的人结成了兄长。③托子为弟:指将儿子辈的人结成了弟弟。

北齐　颜之推《颜氏家训》

君子先择而后交,小人先交而后责。

隋　王通《魏相篇》

出门择交友,防慎畏薰莸。①

【注释】①薰莸:薰为一种香草,莸为一种臭草,这里指好的和坏的混杂在一起。

唐　范质《诫儿侄八百字》

结交须择善，非识莫与心。若知管鲍志，①还共不分重。

【注释】①管鲍：即管仲和鲍叔牙，他们是一对好朋友。

《全唐诗补逸》

宁人负我，无我负人。

唐 房玄龄《晋书》

种树须择地，恶土变木根。结交若失人，中道生谤言。

唐 孟郊《审友》

近贤则聪，近愚则聩。①

【注释】①聩：糊涂。

唐 皮日休《皮日休文集》

交疏自古戒深言，肝胆徒倾致铄金。①

【注释】①铄金：熔化金属，比喻谣言、诽谤可以混淆是非。

唐 司空图《狂题十八首》

古之君子，其责己也重以周，其待人也轻以约。重以周，故不怠；轻以约，故人乐为善。

唐 韩愈《原毁》

上品之人，不教而善；中品之人，教而后善；下品之人，教亦不善。不教而善，非圣而何？教而后善，非贤而何？教亦不善，非愚而何？是知善也者，吉之谓也；不善者也，凶之谓也。吉也者，目不观非礼之色，耳不听非礼之声，口不道非礼之言，足不践非礼之地。人非善不交，物非义不取。亲贤如就芝兰，避恶如就蛇蝎。或曰不谓吉人，则吾不信也。凶也者，语言诡谲，动止阴险，好利饰非，贪淫乐祸。疾良善如仇隙，犯刑宪如饮食。①或曰不谓之囚人,则吾不信也。

【注释】①犯刑宪如饮食:指违犯法律如家常便饭一样随便。

宋 邵雍《戒子孙》

豺狼能害人,其状易别,人得以避之;小人深情厚貌,毒人不可防范,殆其甚于豺狼也。

宋 林逋《省心录》

君子与君子以同道为朋,小人与小人以同利为朋。

宋 欧阳修《朋党论》

和以处众,宽以接下,恕以待人,君子人也。

宋 李邦献《省心杂言》

世人有虑子弟血气未定,而酒色博弈之事,得以昏乱其心,寻至于失德破家,则拘之于家,严其出入,绝其交游,致其无所见闻,朴野蠢鄙,不近人情。殊不知此非良策,禁防一弛,情窦顿开,如火燎原,不可扑灭。况拘之于家,无所用心,却密为不肖之事,与出外何异?不若时其出入,①谨其交游,虽不肖之事,习闻既熟,自能识破,必知愧而不为,纵试为之,亦不至于朴野蠢鄙,全为小人之所摇荡也。

【注释】①时:这里指规定外出的时间。

宋 袁采《袁氏世范》

人之性行,虽有所短,必有所长,与人交游,若常见其短而不见其长,则时日不可同处,若常念其长而不顾其短,虽终身与之交游可也。

宋 袁采《袁氏世范》

人之平居,欲近君子而远小人者,君子之言,多长厚端谨,此言先入于吾心,及吾之临事,自然出于长厚端谨矣。小人之一言,多刻薄浮华,此言先入于吾心，及吾之临事，自然出于刻薄浮华矣。且如朝夕闻人尚气好凌人之言，吾亦将尚气好凌人而不觉矣。朝夕闻人游荡不事绳检之言，①吾亦将游荡不事绳检而不觉矣。如此非一端，非大有定力，必不能免渐染之患也。

【注释】①绳检：约束、检查、反省之意。

宋　袁采《袁氏世范》

责善朋友之道，然须忠告而善道之，悉其忠爱，致其婉曲，使彼闻之而可从，绎之而可改，有所感而无所怒，乃为善耳。若先暴白其过恶，痛毁极诋，使无所容，彼将发其愧耻愤恨之心，虽欲降以相从，而势有所不能，是激之而使为恶矣。故凡讦人之短，攻发人之阴私，以沽直者，皆不可以言责善。虽然，我以是而施于人不可也，人以是而加诸我，凡攻我之失者，皆我师也，安可以不乐受而心感之乎？某于道未有所得，谬为诸生相从于此。每终夜以思，恶且未免，况于过乎？人谓事师无犯无隐，而遂谓师无可谏，非也。谏师之道，直不至于犯，而婉不至于隐耳，使吾而是也，因得以明其是，吾而非也，因得以去其非，善教学相长也，诸生责善，当自吾始。

明　王守仁《王阳明文钞》

与人相处之道，第一要谦下诚实，同干事则勿避劳苦，同饮食则勿贪甘美，同行走则勿择好路，同睡寝则勿占床席。宁让人，勿使人让我；宁容人，勿使人容我；宁吃人亏，勿使人吃我亏；宁受人气，勿使人受我气。人有恩于我，则终身不忘，人有怨于我，则即时丢过。见人之善，则对人称扬不已；闻人之过，则绝口不对人言。人有向你说某人感你之恩，则云他有恩于我，我无恩于他，则感恩者闻之，其感亦深。有人向你说某人恼你谤你，则云他与我平日最相好，岂有恼我谤我之理？则恼我谤我者闻之，其怨即解。人之胜似你，则敬重之，不可有傲忌之心。人不如你，则谦待之，不可有轻贱之意。又与人相交，久而益密，则行之邦家，可无怨矣。

明　杨继盛《杨椒山遗嘱》

交一个读书破万卷邪士，不如交一个不识一字端人。

《格言联璧》

费千金而结纳贤豪，孰若倾半瓢之粟，以济饥饿之人；构千楹而招来宾客，孰若葺数椽之茅，以庇孤寒之士。

明　洪应明《菜根谭》

多栽桃李少栽荆，便是开条福路；不积诗书偏积货，还如筑个祸基。

人之短处，要曲为弥缝，如暴而扬之，是以短攻短；人有顽的，要善为化诲，如忿而嫉之，是以顽济顽。

大人不可不畏，畏大人则无放逸之心；小民亦不可不畏，畏小民则无豪横之名。

交友须带三分侠气，作人要存一点素心。

交市人，不如友山翁；谒朱门，不如亲白屋；听街谈巷语，不如闻牧唱樵歌；谈今人失德过差，不如述古人嘉言懿行。

遇故旧之交，意气要愈新；处隐微之地，心迹宜愈显；待衰朽之辈，恩礼当愈隆。

明　洪应明《菜根谈》

当是非邪正之交，不可少迁就，少迁就则失从违之正；值利害得失之会，不可太分明，太分明则起趋避之私。

明　洪应明《菜根谭》

己有过不当讳，朋友有过，决当为之讳。讳者，正所以劝其改，玉成其改也。故曰君子成人之美，不成人之恶。彼以过失相规为名，而亟亟于成人之恶者，真刻薄小人耳，故子贡曰：恶讦以为直者。

朋友是后来的兄弟，兄弟是天然的朋友，少同游，长同学，若得一心一德之兄弟，何乐如之？此古人所以深贵乎兄弟之互相师友也。

清　陆世仪《陆桴亭思辨录》

每见朋友中，自己吝于改过，偏要议论人过，甚至数十年前偶误，常记在心，以为话柄。独不思士别三日，当刮目相待。舜、跖之分，①只在一念转移。若向来所为是君子，一旦改行，即为小人矣。向来所为是小人，一旦改图，即为君子矣。岂可一眚便弃，②阻人自新之路？更有背后议人过失，当面反不肯尽言，此独朋友之过？亦自己心地不忠厚，不光明，此过更为非细。以后会中朋友，偶有过失，即于静处尽言相告，令其改过。即所闻未真，不妨当面一问，以塞胸中之疑。不惟不可背后讲话，即在公会，亦不可对众言之，令彼难堪，反决然自弃。交砥互砺，③且迈月征，④庶几共为君子。

【注释】①舜跖：人名。舜为上古的英明君主，跖为春秋时期奴隶的起义领袖。②眚：过失，过错。③交砥互砺：这里指对对方的过失，以合宜的方式相互纠正和监督。④日迈月征：这里指今天都会超过昨天，德行修养每月都有新的境界。

清　汤斌《汤潜庵语录》

朋友除伤伦败化外，宁可十分责他，不可一分薄他，我有薄他之意，则诚意已衰，虽有正言，不能感人，且易招怨。

凡做好人，自大贤以下，皆带两分愚字，至于忠臣孝子贞女义士，尤非乖巧人做得。盖至情之人，一往独到，故私意世情，不能入其胸中。予尝论朋友知己，若无些愚意在，终到不得十分至处。

与伯兄论朋友，既识得此人真是君子一路，与之定交，无论不可以嫌疑小节，遽生疏薄。即令行己有真不是处，待我有真非理处，亦止当责其一事，而惜其生平。……盖世道愈下，君子愈少，吾辈当如贫家惜财，不得不爱护保全也。……

清　魏禧《魏叔子日录》

交友者，识人不可不真，疑心不可不去，小嫌不可不略。

清　魏禧《魏叔子日录》

朋友即甚相得，未有事事如意者，一言一事之不合，且自含忍，不得遂轻出恶言，亦不必逢人诉说，恐怒过心回，无颜再见，且恐他友闻之，各自寒心。

小人固当远，然亦不可显为仇敌，君子固当亲，然亦不可曲为附和。

交之初也，多见其善，及其久也，多见其过，未必其后之逊于前也，厌心生焉耳。人之生也，但念其过；及其死也，但念其善。未必其后之逾于前也，哀思动之耳。人能以待死者之心待生人，则其取材也必宽。人能以待初交之心待故旧，则其责备也必恕，宜思之。

古人云：有一人知，可以不恨，以明知己之艰也。逢人班荆，①到处投辖，②然则知己若是其多乎？不过声气浮慕，以为豪举耳。一事不如意，怨谤丛起，不如慎交择友自然得力。

友先贫贱而后富贵，我当察其情，恐我欲亲而友欲疏也。友先富贵而后贫贱，我当加其敬，恐友防我疏而我遂处其疏也。

人当厚密时，不可尽以私密事语之，恐一旦失欢，则前言得凭为口实。至失欢之时，亦不可尽以切实之语加之，恐怨平复好，则前言可愧。

富贵受贫贱人礼，以为当然，殊不知几费设处而来，即一箑一丝，③宜从厚速答。

赴酌勿太迟，④众宾皆至而独候我，则厌者不独主人，却则宜早辞，⑤勿令人虚费。

【注释】①班荆：本意指把荆树条摊在地上，一起坐着吃饭，这里指拉关系，套交情。②投辖：这里指到处拉拉扯扯，随随便便与人建立交往关系，并引为知己。③一箑一丝：箑，扇子。这里指一丝一毫的、比较轻微的礼物。④赴酌：指赴宴。⑤却：回家。返回。

清　史典《史撷臣愿体集》

凡观人，须先观其平昔之于亲戚也、宗族也，邻里乡党也，即其所重者，所忽者，平心而细察之，则其肺肝如见，若至待我而后观人，晚矣！

信者不疑人，人亦信之，吴越皆可同胞；①自疑者不信人，人亦疑之，骨肉皆成敌国。

人之谤我也，与其能辩，不如能容；人之侮我也，与其能防，不如能化。

有人告我曰某谤汝，此假我以泄其所愤，勿听也。若良友借人言以相惕，意在规正，其词气自不同，要视其人何如耳。

【注释】①吴越：春秋战国时期两个邻近的敌国，这里指敌人。

清　史典《史搢臣愿体集》

德盛者，其心和平，见人皆可交。德薄者，其心刻傲，见人皆可鄙。观人者，看其口中所许可者多，则知其德之厚矣，看其人口中所未满者多，则知其德之薄矣。人生涉世，有忽略之事，有过激之言，二者皆不自知，若知之，必不施于人矣。宜代为推原，以为彼之过端，彼不自知也，勿置芥蒂于心，恶怒可释矣。若不能，则当直言以告，令其知之，彼必知过而谢罪矣。乃世之人，缄口不言，他日乘其有隙，搜索过端以报之，若受报之人能自反者，必思曰：彼如是加我，或我平日有怨于彼，虚心下气，问其所以，彼将开诚言我之过，怨可由此俩忘矣。……

清　唐彪《唐翼修人生必读书》

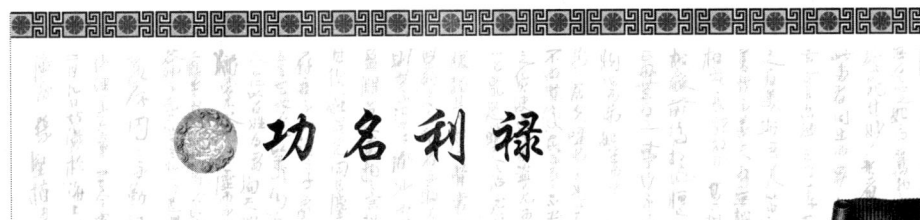

功名利禄

——警示后人的1000条中华古训

子贡曰①："贫而无谄，富而无骄，何如？"子曰："可也，未若贫而乐，②富而好礼者也。"

【注释】①子贡：即端木赐，孔子的学生。②贫而乐：不以贫穷为忧苦，而乐于追求道。

先秦 《论语》

子曰："富与贵，是人之所欲也；不以其道得之，不处也。贫与贱，是人之所恶也；不以其道得之，不去也。君子去仁，恶乎成名？①君子无终食之间违仁，②造次必于是，③颠沛必于是。"

【注释】①恶乎：如何，怎样。②终食之间：指吃完一顿饭的工夫。③造次：这里指仓促匆忙。

先秦 《论语》

子曰："笃信好学，①守死善道。危邦不入，乱邦不居。天下有道则见，②无道则隐。邦有道，贫且贱焉，耻也；邦无道，富且贵也，耻也。"

【注释】①笃信：最诚实地信道。②见：现。

先秦 《论语》

势为天子，未必贵也；穷为匹夫，未必贱也。贵贱之分，在行之美恶。势为天子而不以贵骄人，富有天下而不以财戏人。

先秦　庄周《庄子》

饱而知人之饥，温而知人之寒，逸而知人之劳。

先秦　《晏子春秋》

富贵不傲物，贫穷不易行。

先秦　《晏子春秋》

得志，与民由之；不得志，独行其道。"富贵不能淫，贫贱不能移，威武不能屈，此之谓大丈夫。"

先秦　孟轲《孟子》

君子素其位而行，①不愿乎其外。素富贵，行乎富贵；素贫贱，行乎贫贱；素夷狄，②行乎夷狄；素患难，行乎患难。君子无入而不自得焉。③

在上位，不陵下；在下位，不援上。④正己而不求于人则无怨。⑤上不怨天，下不尤人。

故君子居易以俟命，⑥小人行险以侥幸。子曰："射有似乎君子，失诸正鹄，⑦反求诸其身。"

【注释】①素其位：安于现在所处的地位。②夷狄：指边远的部落。③入：处于。④援：攀附。⑤正己：端正自己的品行。⑥居易以俟命：这里指处在平安的地位而等候、听从天命的安排。⑦正鹄：箭靶中心圆圈。

先秦　《中庸》

大富则骄，大贫则忧，忧则为盗，骄则为暴；此众人之情也。圣者则于众人之情，见乱之所从生，故其制人道而差上下也，使富者足以示贵而不至于骄，贫者足以养生而不至于忧，以此为度而调均之，是以财不匮而上下相安。

　　　　　　　　　　　　　　　　　　　　汉　董仲舒《春秋繁露》

　　贵视其所举，富视其所与，贫视其所取，穷视其所不为。
　　　　　　　　　　　　　　　　　　　　　　汉　刘向《说苑》

　　贤而多财，则损其志；愚而多财，则益其过。
　　　　　　　　　　　　　　　　　　　　　　汉　班固《汉书》

　　不患其不富，患其亡厌。
　　　　　　　　　　　　　　　　　　　　　　汉　班固《汉书》

　　无德而寓贵者，同可豫吊也。且夫利物，莫不天之财也，……各有众寡，民岂得强取多哉？故人有无德而富贵，是凶民之窃官位、盗府库者也，终必觉，觉必诛矣。盗人必诛，况乃盗天乎？得无受祸焉？……故君子曰：财贿不多，衣食不赡，声色不妙，威势不行，非君子之忧也。行善不多，申道不明，节志不立，德义不彰，君子耻焉。……故曰：无德而贿丰，祸之胎也。
　　　　　　　　　　　　　　　　　　　　　　汉　王符《潜夫论》

　　所谓贤人君子者，非必高位厚禄、富贵荣华之谓也。此则君子之所宜有，而非其所以为君子者也。所谓小人者，非必贫贱冻馁困辱厄穷之谓也，此则小人之所寅处，而非其所以为小人者也。……故君子未必富贵，小人未必贫贱。……故曰：仁重而势轻，位蔑而义荣。
　　　　　　　　　　　　　　　　　　　　　　汉　王符《潜夫论》

　　世有莫盛之福，又有莫痛之祸，处莫高之位者，不可以无莫大之功，窃亢龙之极贵者，未尝不破亡也，成天地之大功者，未尝不蕃昌也。……是故德不称其任，其祸必酷，能不称其位，其殃必大。且夫窃位之人，天夺其鉴，神惑其心。是故贫贱之时，虽有鉴明之资，仁义之志，一旦富贵，则背亲捐旧，丧其本心，皆疏骨肉而亲便辟，薄知友而厚狗马，财货满于仆妾，禄踢尽于猾奴，宁见朽贯千万而不忍赐人一钱，宁积粟腐仓而不忍贷人一斗。……

汉　王符《潜夫论》

　　富贵天下之至荣，位势人情之所趋。然古之智士，或山藏林窜，①忽而不慕；或功成身退，逝若脱屣者，②何哉？盖居高畏其危，处满惧其盈。富贵荣势，本非祸始，而多以凶终者，持之失德，守之背道，道德丧而身随之矣。是以留侯、③范蠡，④弃贵如遗；叔敖、⑤萧何，⑥不宅美地，此皆知盛衰之分，识倚伏之机，故身全名著，与福始卒。自此以来，重臣贵戚，隆盛之族，莫不离患构祸，鲜以善终，大者破家，小者灭身，唯金张子弟，世履忠笃，故保贵持宠，祚钟昆嗣。⑦

　　【注释】①山藏林窜：这里指归隐山林，不与繁复的人世打交道。②屣：鞋。③留侯：即西汉开国功臣张良，留侯为其封爵。④范蠡：春秋末年政治家，曾为越王勾践灭吴立下汗马功劳。⑤叔敖：即孙叔敖，春秋时楚国大夫，劳苦功高，深为楚王倚重。⑥萧何：西汉开国元勋，曾任丞相多年，功劳卓著。⑦祚钟昆嗣：这里指福分延及兄弟和后代。

三国·吴　陆景《诫盈》

贵而不骄，胜而不悖，贤而能下，刚而能忍。

三国·蜀　诸葛亮《诸葛亮集》

贵者虽自贵，视之若埃尘。贱者虽自贱，重之若千钧。

晋　左思《咏史八首》

贫贱之知不可忘，糟糠之妻不下堂。①

　　【注释】①糟糠之妻不下堂：这里指贫穷患难时的妻子不可抛弃。

南朝·宋　范晔《后汉书》

患难之生，皆生于利；苟不求利，祸从何生？

唐　姚思廉《陈书》

……所赖君子安贫，达人知命。老当益壮，宁移白首之心？穷且益坚，不坠青云之志。酌贪泉而觉爽，①处涸辙以犹欢。②

【注释】①贪泉：广州一泉名，相传饮此泉之水，廉洁者也变得贪婪。②涸辙：先前有积水后来又干了的车辙。比喻穷困的环境。

唐　王勃《滕王阁序》

贵不专权，罔惑上下；贱能守分，不苟求取。

唐　元结《喻友》

古人云：富贵者，人之怨也。①贵则神忌其满，人恶其上；富则鬼瞰其室，房刊其财。自开辟已来，②书籍所载，德薄任重，而能寿考无咎者，③未之有也。……况吾才不逮古人，而久窃荣宠，④位愈高而益惧，恩弥厚而增忧。……

【注释】①怨：忌恨。②开辟：此处指天地初开，即有史之初。③寿考无咎：能够长寿而又无过失者。④久窃荣宠：指作者长时间担任宰相。

唐　姚崇《遗令诫子孙》

吾见姨兄屯田郎中辛玄驭云①："儿子从宦者，有人来云贫气不能存，此是好消息。若闻赀货充足，衣马轻肥，此恶消息。"吾常重此言，以为确论。比见亲表中仕宦者，多将钱物上其父母，父母但知喜悦，竟不问此物从何而来。必是禄俸余资，诚亦善事。如其非理所得，此与盗贼何别？纵无大咎，独不内愧于心？……汝今坐食禄俸，荣幸已多，若其不能忠清，何以戴天履地？②……特宜修身洁己，勿累吾此意也。③

【注释】①屯田郎中：官名，掌管军粮耕种等。②戴天覆地：即顶天立地，指生活于世间。③累：辜负。

唐　卢氏《训子崔玄玮书》

勿慕贵与富，勿忧贱与贫；自问道何如，贵贱安足云？

唐　白居易《续座右铭》

饱肥甘，衣轻暖，不知节者损福；广积聚，骄富贵，不知止者杀身。

宋　林逋《省心录》

志在富贵，则得志便骄纵，失志则便放旷与悲愁而已！

宋　程颐《遗书》

高贵乃命分偶然，岂宜以此骄傲乡曲？①若本自贫窭，②身致富厚，本自寒素，身致通显，此虽人之所谓贤，亦不可以此取尤于乡曲。若因父祖之遗资而坐飨肥浓，③因父祖之保任而驯致通显，以此何以异于常人？其间有欲以此骄傲乡曲，不亦羞而可怜哉？

【注释】①乡曲：指家乡之人，乡亲。②窭：贫寒的意思。③飨：享用，享受。

宋　袁采《袁氏家范》

世有无知之人，不能一概礼待乡曲，而因人之富贵贫贱，设为高下等级。见有资财有官职者，则礼恭而心敬，资财愈多，官职愈高，则恭敬又加焉，至视贫者贱者，则礼傲而心慢，曾不少顾恤。殊不知彼之富贵，非我之荣，彼之贫贱，非我之辱，何用高下分别如此？长厚有识君子，必不然也。

宋　袁采《袁氏世范》

居于乡曲，舆马衣服，不可鲜华，盖乡曲亲故，居贫者多，在我者揭然异众，贫者羞涩，必不敢相近，我亦何安之有？

宋　袁采《袁氏世范》

饮食，人之所欲而不可无也，非理求之，则为饕为馋。男女，人之所欲而不可无也，非理狎之，则为奸为滥。财物，人之所而不可无也，非理得之，则为盗为赃。人惟纵欲，则争端启而狱讼兴，圣王虑其如此，故制为礼，以节人之饮食男女；制为义，以限人之取与。君子于是三者，虽知可欲，而不敢轻形于言，况敢妄萌于心？小人反是。

宋　袁采《袁氏世范》

圣人云：不见可欲，使心不乱。此最省事之要术。盖人见美食而必咽，见美色而必凝视，见钱财而必起欲得之心。苟非有定力者，皆不免此。惟能杜其端源，见之而不顾，则无妄想；无妄想，则无过举也。

宋　袁采《袁氏世范》

夫谋利而遂者，不百一；谋名而遂者，不千一。今处世不能百年，而乃徼幸于不百一、不千一之事，岂不痴甚矣哉！就使遂志，临政不明仁义之道，亦何足为门户之光耶？愚深思熟虑久矣，而不敢出诸口。今老矣，恐一旦先朝露而灭，①不及与乡曲父兄子弟语及此，怀不满之意于冥冥之中无益也。故辄冒言之，②幸垂听而择焉。

况富贵贫贱，自有定分，富贵未必得，则将陨获而无以自处矣。斯言或有信之者，其为益不细，相信者稍众，则贤才自此而盛，又非小补矣！

【注释】①先朝露而灭：指毫无预兆地迅速死亡，即死亡速度比露水洒干还快。②冒言：冒昧地说。

宋　九韶《陆梭山居家正本制用篇》

人须于贫贱患难上立得脚住，克治粗暴，使心性纯然，上不怨天，下不尤人，物我两忘，惟知有理而已。

今日觉得贫困上稍有益，看来人不于贫困上著力，终不济事，终是脆懦。

明　弼《康斋文集》

宠辱不惊，闲看庭前花开花落；去留无意，漫随天外云卷云舒。

明　洪自诚《菜根谭》

非分之福，无故之获，非造物之钓饵，即人世之机阱。此处着眼不高，鲜不堕彼术中矣。

明　洪自诚《菜根谭》

贫贱所难，不难在砥节，而难在用情；富贵所难，不难在推恩，而难在好礼。

明　洪自诚《菜根谭》

富贵是无情之物，看得他重，他害你越大；贫贱是耐久之交，处得他好，他益你反深。故贪商於恋金谷者，①竟被一时之显戮；乐箪瓢而甘敝缊者，②终享千载之令名。

【注释】①商於：战国时秦地名，曾被赐给商鞅。金谷，即金谷园，为晋代石崇所修豪华园林。②箪瓢：即箪食瓢饮，原指孔子称赞颜回安贫乐道。敝缊：指子路不以破衣敝帽为耻。

明　洪自诚《菜根谭》

功名富贵，直从灭处观究竟，则贪恋自轻；横逆困穷，直从起处究由来，则怨尤自息。

明　洪自诚《菜根谭》

仕途虽赫奕，①常思林下的风味，则权势之念自轻；世途虽纷华，常思泉下的光景，则利欲之心自淡。

【注释】①赫奕：显赫而光彩。

明　洪自诚《菜根谭》

贫贱骄人，然涉虚憍，还有几分侠气；英雄欺世，纵似挥霍，全没半点真心。

明　洪自诚《菜根谭》

贪得者，身富而心贫；知足者，身贫而心富。

明　洪自诚《菜根谭》

一场闲富贵，狠狠争来，虽得还是失；百岁好光阴，忙忙过了，纵寿亦为夭。

明　洪自诚《菜根谭》

富贵的一世宠荣，到死时反增了一个恋字，如负重担；贫贱的一世清苦，到死时反脱了一个厌字，如释重枷。人诚想念到此，当急回贪恋之旨，而猛舒愁苦之眉矣。

明　洪自诚《菜根谭》

趋炎虽暖，暖后更觉寒威；食蔗能甘，甘余便生苦趣。何似养志于清修而炎凉不涉，栖心于淡泊而甘苦俱忘，其自得为更多也。

明　洪自诚《菜根谭》

完名美节，不宜独任，分些与人，可以远害全身；辱行污名，不宜全推，引些归己，可以韬光养德。

明　洪自诚《菜根谭》

富贵家宜宽厚而反忌克，是富贵而贫贱其行，如何能享？聪明人宜敛藏而反炫耀，是聪明而愚懵其病，如何不败？

明　洪自诚《菜根谭》

奢者富而不足，何如俭者贫而有余？能者劳而俯怨，何如拙者逸而全真？

明　洪自诚《菜根谭》

富贵名誉，自道德来者，如山林中花，自是舒徐繁衍；自功业来者，如盆槛中花，便有迁徙废兴；若以权力得者，如瓶钵中花，其根不植，其萎可立而待矣。

明　洪自诚《菜根谭》

人知名位为乐，不知无名无位之乐为最真；人知饥寒为忧，不知不饥不寒之忧为更甚。

明　洪自诚《菜根谭》

福不可邀，养喜神以为招福之本；祸不可避，去杀机以为远祸之方。

明　洪自诚《菜根谭》

一苦一乐相磨炼，炼极而成福者，其福始久；一疑一信相参勘，勘极而成知者，其知始真。

明　洪自诚《菜根谭》

贫家净扫地，贫女净梳头。景色虽不艳丽，气度自是风雅。士君子当穷愁寥落，奈何辄自废弛哉！

明　洪自诚《菜根谭》

生长富贵丛中的，嗜欲如猛火，权势似烈焰，若不带些清冷气味，其炎焰不至焚人，必将自焚。

明　洪自诚《菜根谭》

横逆困穷，是锻炼豪杰的一副炉锤。能受其锻炼者，则身心交益；不受其锻炼者，则身心交损。

明　洪自诚《菜根谭》

处富贵之地，要知贫贱的痛痒；当少壮之时，须念衰老的辛酸。

明　洪自诚《菜根谭》

贪得者，分金恨不得玉，封侯怨不授公，权豪自甘乞丐；知足者，藜羹旨于膏粱，布袍暖于狐貉，编民不计王公。①

【注释】①编民：普通百姓。

明　洪自诚《菜根谭》

多藏厚忙，故知富不如贫之无虑；高步疾颠，故知贵不如贱之常安。

明　洪自诚《菜根谭》

此身常放在闲处，荣辱得失，谁能差遣我？此心常安在静中，是非利害，谁能瞒昧我？

明　洪自诚《菜根谭》

我不希荣，何忧乎利禄之香饵？我不竞进，何畏乎仕宦之危机？

明　洪自诚《菜根谭》

我贵而人奉之，奉此峨冠大带也；我贱而人侮之，侮此布衣草履也。然则原非奉我，我胡为喜？原非侮我，我胡为怒？

明　洪自诚《菜根谭》

君子处患难而不忧，当宴游而益加惕厉；遇权豪而不惧，对茕独而反若惊心。①

【注释】①茕独：无依无靠。

明　洪自诚《菜根谭》

子生而母危，镪积而盗窥，①何喜非忧也？贫可以节用，病可以保身，何忧非喜也？故达人当顺逆一视，而欣戚两忘。

【注释】①镪：白银。

明　洪自诚《菜根谭》

贫贱时，眼中不着富贵；富贵时，意中不忘贫贱。

清　申涵光《荆园小语》

余家托赖祖宗积德，始能子孙累代居官，惟我禄秩最高。自问学业未进，天爵未修，①竟得位居宗伯，只恐累代积福，至余发泄尽矣！所以居下位时，放浪形骸，②不修边幅，官阶日益进，心忧日益深。……

尝见世禄之家，其盛焉位高势重，生杀予夺，率意妄行，固一世之雄也。及其衰焉，其子若孙，始则狂赌滥嫖，终则卧草乞丐，乃父之尊荣安在哉？……

尔辈睹之，宜作为前车之鉴。勿持傲谩，勿尚奢华，遇贫苦者宜赒恤之，并宜服劳。吾特购粮田百亩，雇工种植，欲使尔等随时学稼，将来得为安分农民，便是余之肖子。……尔等勿谓春耕夏苗，胼手胝足，③乃属贱丈夫之事，可知农居四民之首，士为四民之末，农夫披星戴月，竭全力以养天下之人，世无农夫，人皆饿死，乌可贱视之乎？戒之戒之！

【注释】①天爵：指与人俱生的善良德行。②放浪形骸：指生活不拘小节。③胼手胝足：指手掌和脚板因劳动而生长出厚茧。

清　纪昀《训诸子书》

当世宦家子弟，每盛气凌轹，以邀人敬，谓之自重，不知重与不重，视所自为。苟道德无愧于贤者，虽王侯拥彗不为荣，①虽胥靡版筑不能辱。②可贵者在我，在外者不足计耳。如必以在外为重轻，待人敬我，我乃荣，人不敬我，我即辱，则舆台仆妾，皆可自操荣辱，毋乃自视太轻耶？先师陈白崖先生尝手题于书曰："能事知足心常惬（qiè），人到无求品自高"，斯真标本之论。尔当录作座右铭，终身行之，便是令子。③

【注释】①王侯拥彗：彗即扫帚。古人迎候贵客时，主人常抢扫帚以示敬意。

此指身份地位很高。②胥縻版筑：指服役的刑徒和地位卑贱的劳动者。③令子：好儿子。

清　纪昀《训次儿书》

人当贫贱时，为善，善有限；为恶，恶亦有限，无其力也。一当富贵时，为善，善无量；为恶，恶亦无穷。有其具也。故富贵者，乃成败祸福之大关，不可不慎。

贫贱生勤俭，勤俭生富贵，富贵生骄奢，骄奢生淫佚，淫佚复生贫贱，此循环之情理。

祖宗富贵，自诗书中来，子孙享富贵，则弃诗书矣。祖宗家业，自勤俭中来，子孙享家业，则忘勤俭矣。此所以多衰门也，可不戒之？

富贵之家，常有穷亲戚来往，不戏谑父执贫交，①躬送破衣亲友出门外，如此，足称厚道，富贵方得久长。

待富贵人，不难有礼，而难有体；待贫贱人，不难有恩，而难有礼。

骨肉，贫者莫疏；他人，富贵莫厚，其一切馈遗，须有常度，勿以富贵而加丰，贫而致薄。

好便宜者，不可与之交财；多狐疑者，不可与之谋事。观富贵人，当观其气概，如温厚和平者，则其荣必久，而其后必昌；观贫贱人，当观其度量，如宽宏坦荡者，则其富必臻，而其家必裕。

钱财不可不惜，然亦不可苛刻，我能宽一分，则人受一分之惠。如小本生理，及挑负奔驰者，惟丈工夫气力，养家活口，尤当倍加优恤，在我厘毫之宽，所去有限，彼得一厘一文，所喜无穷。每见刻薄之人，取之尽锱铢，剥削半生，②害生一旦，反至倾家荡产。又见宽厚之人，终日受人侵削，反能饱食暖衣，终身无祸者，比比然也。……

处富贵者，不知世有炎凉小人，处贫贱者，不知世有窥伺小人，是皆不关自己痛痒故也。

【注释】①父执：指与父亲同辈的人。②半生：即半文。

清　史典《史揸臣愿体集》

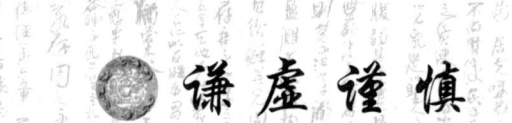

益赞于禹曰：①"满招损，谦受益，时乃天道。"
汝惟不矜，天下莫与汝争能；汝惟不伐，天下莫与汝争功。

【注释】①赞：佐助。

先秦　《尚书》

温温恭人，如集于木；惴惴小心，如临于谷；战战兢兢，如履薄冰。

先秦　《诗》

不自见，故明。不自是，故彰。不自伐，故有功。不自矜，故长。

先秦　《老子》

持而盈之，不如其已。揣而锐之，不可长保。金玉满堂，莫之能守。富贵而骄，自遗其咎。功成，名遂，身退，天之道。

先秦　《老子》

自伐者无功，自矜者不长。

先秦　《老子》

子禽问于子贡曰："夫子至于是邦也，必闻其政，求之与？抑与之与？"子贡曰："夫子温、良、恭、俭、让以得之。夫子之求之也，其诸异乎人之求之与？"①

【注释】①其诸：意为"或者"。

先秦 《论语》

子曰："奢则不孙，①俭则固。②与其不孙也，宁固。"

【注释】①孙：同"逊"。③固：固陋，寒碜。

先秦 《论语》

子见齐衰者、冕衣裳者与瞽者，见之，虽少，①必作；过之，必趋。②

【注释】①少：年幼，年轻。②作、趋：作，起；趋，疾行。这均是敬意的表示。

先秦 《论语》

孔子曰："君子有三畏：畏天命，畏大人，畏圣人之言。小人不知天命而不畏也，狎大人，侮圣人之言。"

先秦 《论语》

江河不恶小谷之满己也，故能大。圣人者，事无辞也，物无违也，故能为天下器。

先秦 墨翟《墨子》

势为天子而不以贵骄人，富有天下而不以财戏人。

先秦 庄周《庄子》

孟子曰："人之患在好为人师。"

先秦 孟轲《孟子》

孔子观于鲁桓公之庙，有欹器焉。①孔子问于守庙者曰："此为何器？"守庙者曰："此盖为宥坐之器。"②孔子曰："吾闻宥坐之器者，虚则欹，中则正，满则覆。"孔子顾谓弟子曰："注水焉！"弟子挹水而注之。中而正，满而覆，虚而欹。孔子喟然而叹曰："吁！恶有满而不覆者哉！"子路曰："敢问持满有道乎？"孔子曰："聪明圣知，守之以愚；功被天下，守之以让；勇力抚世，③守之以怯；富有四海，守之以谦。此所谓挹而损之之道也。"④

【注释】①欹器：倾斜易覆的器皿。②宥坐：置于座右。宥，同"右"。③抚世：盖世。④挹：同"抑"，退让。

先秦　荀况《荀子》

语曰："缯丘之封人见楚相孙叔敖曰：①吾闻之也，处官久者士妒之，禄厚者民怨之，位尊者君恨之。今相国有此三者而不得罪楚之士民，何也？"孙叔敖曰："吾三相楚而心愈卑，每益禄而施愈博，位滋尊而礼愈恭，是以不得罪于楚之士民也。"

【注释】①缯丘：缯国的故地，属楚。封人：管理疆界的小官。孙叔敖：名敖，字孙叔，春秋时楚国的令尹（相当于后世的宰相）。

先秦　荀况《荀子》

兼服天下之心：高上尊贵不以骄人，聪明圣智不以穷人，齐给速通不争先人，刚毅勇敢不以伤人。不知则问，不能则学，虽能必让，然后为德。遇君则修臣下之义，遇乡则修长幼之义，①遇长则修子弟之义，遇友则修礼节辞让之义，遇贱而少者则修告导宽容之义。无不爱也，无不敬也，无与人争也，恢然如天地之苞万物。如是则贤者贵之，不肖者亲之。如是而不服者，则可谓妖怪狡猾之人矣，虽则子弟之中，刑及之而宜。②《诗》云："匪上帝不时，殷不用旧。虽无老成人，尚有典刑。曾是莫听，大命以倾。"③此之谓也。

【注释】①遇乡：在乡党之中。②刑及之而宜：也当加以刑罚。③大命：即政权。

先秦　荀况《荀子》

公予州吁，嬖人之子也。①有宠而好兵，公弗禁。庄姜恶之。石碏谏曰："臣闻爱子，教之以义方，②弗纳于邪。骄、奢、淫、逸，所自邪也。四者之来，宠禄过也。……夫宠而不骄，骄而能降，③降而不憾，憾而能眕者，鲜矣。且夫贱妨贵，少陵长，远间亲，新间旧，小加大，淫破义，所谓六逆也。君义，臣行，父慈，子孝，兄爱，弟敬，所谓六顺也。去顺效逆，所以速祸也。"

【注释】①嬖人：得宠幸的人。②方：道。③能降：指安心于地位的下降。

先秦　《左传》

（苏子曰）"臣闻怀重宝者，不以夜行；任大功者，不以轻敌。是以贤者任重而行恭，知者功大而辞服。故民不恶其尊，而世不妒其业。"

先秦　《战国策》

夫礼者，自卑而尊人。

先秦　《礼记》

君子不自大其事，不自尚其功。

先秦　《礼记》

有道之士固骄人主，人主之不肖者亦骄有道之士，日以相骄，奚时相得？若儒、墨之议与齐、荆之服矣。贤主则不然，士虽骄之，而己愈礼之，士安得不归之？士所归，天下从之，帝。

先秦　《吕氏春秋》

亡国之主，必自骄，必自智，必轻物，自骄则简士，自智则专独，轻物则无备。无备召祸,专独位危,简士壅塞。欲无壅塞必礼士,欲位无危必得众,欲无召祸必完备。三者人君之大经也。

先秦 《吕氏春秋》

我文王之子,武王之弟,成王之叔父,我于天下亦不贱矣。然我一沐三捉发,一饭三吐哺,起以待士,犹恐失天下之贤人。子之鲁,慎无以国骄人。……德行广大而守以恭者荣;土地博裕而守以险者安;禄位尊盛而守以卑者贵;人众兵强而守以畏者胜;聪明睿智而守以愚者益;博闻多记而守以浅者广。去矣,其勿以鲁国骄士矣。

汉 司马迁《史记》

高上尊贤,无以骄人;聪明圣智,无以穷人;资给疾速,无以先人;刚毅勇猛,无以胜人。不知则问,不能则学。虽智必质,然后辩之;虽能必让,然后为之。故士虽聪明圣智,自守以愚;功被天下,自守以让;勇力距世,自守以怯;富有天下,自守以廉。此所谓高而不危,满而不溢者也。

汉 刘向《说苑》

人之为德,其犹虚器欤!器虚则物注,满则止焉。故君子常虚其心志,恭其容貌,不以逸群之才加乎众人之上。视彼犹贤,自视犹不足也。故人愿告之而不厌,诲之而不倦。

才敏过人,未足贵也;博辩过人,未足贵也;勇决过人,未足贵也。君子之所贵者,迁善惧其不及,改恶恐其有余。

三国·魏 徐幹《中论》

夫人有善鲜不自伐,有能寡不自矜;伐则掩人,矜则陵人。掩人者,人亦掩之;陵人者,人亦陵之。

晋 陈寿《三国志》

天地鬼神之道,皆恶满盈。谦虚冲损,可以免害。人生衣趣以覆寒露,食趣以塞饥乏耳。形骸之内,尚不得奢靡,己身之外,而欲穷骄泰邪?周穆王、秦始皇、汉武帝，富有四海，贵为天子，不知纪极，犹自败累，况士庶乎？常以二十口家，奴婢盛多，不可出二十人，良田十顷，堂室才蔽风雨，车马仅代杖策，蓄财数万，以拟吉凶急速，不啻此者，以义散之；不至此者，勿非道求之。

北齐　颜之推《颜氏家训》

自满者，人损之；自谦者，人益之——是天之常道。

唐　孔颖达《尚书正义》

凡富贵少不骄奢，以约失之者鲜矣。汉世以来，侯王子弟以骄恣之故，大者灭身丧族，小者削夺邑地，可不戒哉！

唐　李延寿《南史》

夫恭俭福之舆，傲侈祸之机。乘福舆者浸以康休，①蹈祸机者忽而倾覆，汝其戒欤！

【注释】①浸：越发；更加。康休：安乐康宁。

唐　李延寿《北史》

贞观二年，太宗谓侍臣曰："人言作天子则得自尊崇，无所畏惧，朕则以为正合自守谦恭，常怀畏惧。昔舜诫禹曰：'汝惟不矜，天下莫与汝争能；汝惟不伐，天下莫与汝争功。'又《易》曰：'人道恶盈而好谦。'凡为天子，若惟自尊崇，不守谦恭者，在身倘有不是之事，谁肯犯颜谏奏？朕每思出一言，行一事，必上畏皇天，下惧群臣。天高听卑，何得不畏？群公卿士，皆见瞻仰，何得不惧？以此思之，但知常谦常惧，犹恐不称天心及百姓意也。"魏征曰："古人云：'靡不有初，鲜克有终。'愿陛下守此常谦常惧之道，日慎一日，则宗社永固，无倾覆矣。唐、虞所以太平，实用此法。"

唐　吴兢《贞观政要》

贞观三年，太宗问给事中孔颖达，曰："《论语》云：'以能问于不能，以多问于寡，有若无，实若虚'，何谓也？"颖达对曰："圣人设教，欲人谦光，己虽有能，不自矜大，仍就不能之人，求访能事。己之才艺虽多，犹病以为少，仍就寡少之人更求所益。己之虽有，其状若无；己之虽实，其容若虚。非惟匹庶，帝王之德，亦当如此。夫帝王内蕴神明，外须玄默，使深不可知。故《易》称，'以《蒙》养正，以《明夷》莅众'，若其仁居尊极，炫耀聪明，以才陵人，饰非拒谏，则上下情隔，君臣道乖，自古灭亡，莫不由此也。"太宗曰："《易》云：'劳谦，君子有终，吉。'诚如卿言。"诏赐物二百段。

唐　吴兢《贞观政要》

夫引往纳来，江海所以深广；损上益下，乾坤所以光大。是以虚己之求，有屈位而伸道。

唐　李峤《上雍州高长史》

高节人相重，虚心世所知。

唐　张九龄《和黄门卢侍御咏竹》

终身让路，不枉百步；终身让畔，不失一段。①

【注释】①让畔，即互相推让共有的田界，意为一种传统美德。

唐　朱仁轨《诲子弟言》

谦者，人所尊；俭者，人所宝。

五代·南唐　谭峭《化书》

富贵骄人，固不善。学问骄人，害亦不细。

宋　程颢、程颐《二程集》

"富贵而骄，自遗其咎"。夫富贵不期于骄而骄自至，所以遗咎患也。

宋　王安石《老子注》

学者先须不可陷溺其心，又不当以学问夸人。夸人者，必为人所攻。只当如常人见人不是，必推恻隐之心，委屈劝谕之，不可则止。若说道我的学问如此，你的不是，必为人所攻，兼且所谓学问者，自承当不住。

宋　陆九渊《象山先生全集》

学者不长进，只是好己胜，出一言，做一事，便道全是，岂有此理！古人惟贵知过则改，见善则迁。今各自执己是，被人点破，便愕然，所以不如古人。

宋　陆九渊《象山先生全集》

自高则必危，自满则必溢；未有高而不危，满而不溢者也。

宋　胡宏《知言》

格物穷理，有一物便有一理。穷得到后，遇事触物皆撞著这道理：事君便遇忠，事亲便遇孝，居处便恭，执事便敬，与人便忠，以至参前倚衡，无往而不见这个道理。若穷不至，则所见不真，外面虽为善，而内实为恶，是两个人做事了！外面为善是一个人，里面又有一个人说道："我不好！"如今须胜得那一个不好底人去方是。岂有学圣人之书，为市井之行，这个穷得个甚道理！

宋　黎靖德《朱子语类》

凡在朋侪中，切戒自满；惟虚故能受，满，则无所容。人不我告，则止于此耳，不能日益也。故一人之见，不足以兼十人，我能取之十人，是兼十人之能矣。取之不已，至于百人千人，则在我者，可量也哉。

元　许衡《许文正公遗书》

无成者，恶盈也；括囊者，辟谮也；逊迹者，消忌也。有是三者，庶乎免于今之世矣。

明 薛应旗《薛方山记述》

从吾游者，不以聪慧警捷为高，而以勤谨谦抑为上。诸生试观侪辈之中苟有虚而为盈，无而为有，讳己之不能，忌人之有善，自矜自是，大言欺人者，使其人资禀虽甚超迈，侪辈之中有弗疾恶之者乎？有弗鄙贱之者乎？彼固将以欺人，人果遂为所欺，有弗窃笑之者乎？苟有谦默自持，无能自处，笃志力行，勤学好问，称人之善而咎己之失，以人之长而明己之短，忠信乐易，表里一致者，使其人资禀虽甚鲁钝，侪辈之中有弗称慕之者乎？彼固以无能自处而不求上人，人果遂以彼为无能，有弗敬尚之者乎？诸生观此，亦可以知所从事于学矣。

明 王守仁《王阳明全集》

何如出门之初，即持履错之敬？人必求其胜己，言不畏乎逆心；恒自反其才之所不及，而无讳其力之所不能。以谦为基，以厚为城；宽为之居，坦为之行；无以爱憎败其德，无以智诈汩其灵；惟勉勉以求益，非汲汲于知名。夫是为之造小子而成大人。

明 彭士望《耻躬堂文集》

天下国家之存亡，身之生死，只系敬怠两字。敬则慎，慎则百务修举；怠则苟，苟则万事隳颓。自天子以至于庶人，莫不如此。此千古圣贤之所兢兢，而亡人之所必由也。

明 吕坤《呻吟语》

善居功者，让大美而不居；善居名者，避大名而不受。

居尊大之位，而使贤者忘其贵重，卑者乐于亲炙，则其人可知矣。

明 吕坤《呻吟语》

文名、才名、艺名、勇名，人尽让得过，惟是道德之名则妒者众矣。无文、无才、无艺、无勇，人尽谦得起，惟是无道德之名则愧者众矣。君子以道德之实潜修，以道德之名自掩。

明　吕坤《呻吟语》

气忌盛，心忌满，才忌露。

明　吕坤《呻吟语》

恭、敬、谦、谨，此四字有心之善也；狎、侮、傲、凌，此四字有心之恶也。人所易知也。至于怠、忽、惰、慢，此四字乃无心之失耳，而丹书之戒怠胜敬者凶，论治忽者至分存亡。《大学》以傲惰同论，曾子以暴慢连语者何哉？盖天下之祸患皆起于四字，一身之罪过皆生于四字。怠则一切苟且，忽则一切昏忘，惰则一切疏懒，慢则一切延迟，以之应事则万事皆废，以之接人则众心皆离。古人临民如驭朽索，使人如承大祭，况接平交以上者乎？古人处事不泄迩，①不忘远，况目前之亲切重大者乎？故曰无众寡，无大小，无敢慢，此九字即毋不敬。毋不敬三字，非但圣狂之分，存亡、治乱、死生、祸福之关也，必然不易之理也。沉心精应者，始真知之。

【注释】①泄：轻慢；亵渎。

明　吕坤《呻吟语》

世间无一件可骄人之事。才艺不足骄人，德行是我性分事，不到尧、舜、周、孔，便是欠缺，欠缺便自可耻，如何骄得人？

明　吕坤《呻吟语》

贫贱骄人，虽步虚骄，还有几分侠气；英雄欺世，纵似挥霍，全没半点真心。

明　洪自诚《菜根谭》

帆只扬五分，船便安；水只注五分，器便稳。如韩信以勇略震主被擒，陆机以才名冠世见杀，霍光败于权势逼君，石崇死于财赋敌国，——皆以十分取败者也。康节云："饮酒莫教成酩酊，看花慎勿至离披。"旨哉言乎！

明　洪自诚《菜根谭》

淡泊之士，必为浓艳者所疑；检饬之人，多为放肆者所忌。君子处此，固不可少变其操履，亦不可太露其锋芒。

明　洪自诚《菜根谭》

余性好高，好高则倨傲而不能下。然所不能下者，不能下彼一等倚势仗富之人耳；否则稍有片长寸善，虽隶率人奴，无不拜也。余性好洁，好洁则狷隘而不能容。①然所不能容者，不能容彼一等趋势谄富之人耳；否则果有片善寸长，纵身为大人王公，无不宾也。能下人，故其心虚；其心虚，故所取广；所取广，故其人愈高。然则言天下之能下人者，固言天下之极好高人者也。余之好高，不亦宜乎！能取人，必无遗人；无遗人，则无人不容；无人不容，则无不洁之行矣。然则言天下之能容人者，固言天下之极好洁人者也。余之好洁，不亦宜乎！

【注释】①狷隘：气量狭隘。

明　李贽《焚书》

傲者，人之恒疾；岂惟众人，圣贤亦怯不免。是故禹之戒舜曰："无若丹朱傲！"舜之为圣，尽善矣；禹之为圣，无间矣。以无问之圣人，进言于尽善之圣人，岂好直言之名而为是必不然之防哉？盖必有所深见焉。众人之傲，在可见之貌；圣贤之傲，在不见之微。意念之间，自足而见其足，过人而见其过人，是即傲矣。足而不以为不足，过人而不以为不及人，是即傲矣。

清　唐甄《潜书》

谦者有而不居之义，山至高也，地至卑也，以至高而处于至卑之下，谦之象也。又艮静也，坤顺也，内静止而外柔顺，谦之义也。君子有终者，谦之为道，始则卑而终则光也。又谦者亏欠之义，故《象传》言谦对盈而言，不对骄而言，言盈而骄在其中矣。古人言谦多与满对，《书》曰："满招损，谦受益"是也。盖器大于所受谓之谦，受溢于其器谓之满，不专在骄伐卑巽也。甚矣，《易》之善言谦也！从天道地道人道鬼神之所尚，总不外于一谦。又曰:"日中则昃,月盈则食。"天地盈虚与时消息,天地不能长盈,而况于人乎?

清　张英《易经衷论》

君子循天理,仰不愧,俯不怍,举止自如,故常泰;小人徇人欲,势必趋,利必附,盛气所形,故常骄。

清　张伯行《困学录集粹》

好胜者必败,恃壮者易疾,渔利者害多,鹜名者毁至。

清　魏裔介《琼琚佩语》

自谦则人愈服,自夸则人必疑我。恭可以平人之怒气,我贪必至启人之争端,是皆存乎我者也。

清　魏裔介《琼琚佩语》

何谓益?我有所迷,一言而使我悟;我有所疑,一言而使我解。凡一切劝我善、规我过者,皆益也,而贵乎我之能纳。或富贵之人,止觉己尊;才智之人,止觉己是。父执之友呼我以兄台,犹嫌其不以伯叔;亲爱之人誉我以颜、闵,犹嫌其不以仲尼。不誉之极则不乐,而况乎规之哉!吾恐有道之暗笑其无知也。《书》曰:"满招损,谦受益。"志得意满,必非长进之人,趾高气扬,便是鲜终之物。每见丧其行名,不保其首领者,皆此类也。

清　蒲松龄《蒲松龄集》

吾壮年好骂人,所骂者都属推廓不开之假斯文。异乎当世恃才傲物者之骂人:动谓人不如我,见乡墨则骂举人不通,见会墨则骂进士不通;未入学者,见秀才考卷,则骂秀才不通。既然目空一切,自己之为文,必能远胜于人,讵知实际非特不能胜人,反不如所骂之秀才、举人、进士远甚。所为不厪求诸己,徒见他人之不通。自己傲气既长,不肯用功深造,而眼高手低,握管作文,自嫌弗及不通秀才,免得献丑,索性搁笔不为文,于是潦倒终身,永无寸进。

余壮年做气亦盛，而对于胜我者，却肯低首降伏，见佳文，爱之不肯释手，虽百读不厌，故能侥幸成名。然亦四下乡场，始得脱颖而出，亦为傲气所阻也。至今思之，犹如芒刺在背。

清　郑燮《郑板桥集》

古人曰钦、曰敬、曰谨、曰虔恭、曰祗惧，皆慎字之义也。慎者，有所畏惧之谓也。居心不循天理则畏天怒，作事不顺人情则畏人言，少贱，则畏父师、畏官长老年，则畏后生之窃议高位，则畏僚属之指摘。凡人方寸有所畏惮，则过必不大，鬼神必从而原之。若嬉游斗牌等事而毫无忌惮，坏邻党之风气，作子孙之榜样，其所损者大矣。

清　曾国藩《曾文正公垒集》

长傲、多言二弊，历观前世卿大夫兴衰，及近日官场所以致祸福之由，未尝不视此二者为枢机，故愿与诸弟共相鉴诫。弟能惩此二者，而不能勤奋以图自立，则仍无以兴家而立业；故又在乎振刷精神，力求有恒，以改我之旧辙，而振家之丕基。

清　曾国藩《曾文正公家书》

禹曰:"惟德善政,政在养民。"

先秦 《尚书》

皋陶曰:"天聪明,自我民聪明。天明畏,自我民明威。达于上下,敬哉有土。"①

【注释】①有土。指有土之君。

先秦 《尚书》

皇祖有训,①民可近,不可下。民惟邦本,本固邦宁。予视天下,愚夫愚妇,一能胜予。一人三失,怨岂在明,不见是图。予临兆民,懔乎若朽索之驭六马。②为人上者,奈何不敬。

【注释】①皇祖:指大禹。②懔:危惧貌。朽索:腐朽的绳索。

先秦 《尚书》

皇天无亲,惟德是辅。民心无常,惟惠之怀。①为善不同,同归于治。为恶不同,同归于乱。

【注释】①惠:恩惠。怀:归向。

先秦 《尚书》

子贡问政。子曰:"足食,足兵,民信之矣。"①子贡曰:"必不得已而去,②于斯三者何先?"曰:"去兵。"子贡曰:"必不得已而去,于斯二者何先?"曰:"去食。自古皆有死,民无信不立。"③

【注释】①民信之:人民信任国家。②去:去掉。③不立:(国家)立不住。

先秦 《论语》

子张问于孔子曰:"何如斯可以从政矣?"子曰:"尊五美,屏四恶,斯可以从政矣。"子张曰:"何谓五美?"子曰:"君子惠而不费,劳而不怨,欲而不贪,泰而不骄,威而不猛。"①子张曰:"何谓惠而不费?"子曰:"因民之所利而利之,斯不亦惠而不费乎?择可劳而劳之,又谁怨?欲仁而得仁,又焉贪?君子无众寡,无小大,无敢慢,②斯不亦泰而不骄乎?君子正其衣冠,尊其瞻视,俨然人望而畏之,斯不亦威而不猛乎?"子张曰:"不教而杀谓之虐;不戒视成谓之暴;慢令致期谓之贼;犹之与人也,出纳之吝谓之有司。"④

【注释】①惠:施人以惠。费:花费。劳:使人劳动。泰:安泰矜持。②慢:怠慢。③教:教化,教育。不戒视成:不加申诫而要成绩。慢令致期:起先懈怠,突然限期。犹之与人:同是给人(以财物)。有司:古代管事者之称,职务卑微,这里意译为小气。

先秦 《论语》

子曰:"民以君为心,君以民为体。心庄则体舒,以肃则容敬。心好之,身必安之。君好之,民必欲之。心以体全,亦以体伤。君以民存,亦以民亡。"

先秦 《礼记》

民之所好好之,民之所恶恶之,此之谓民之父母。

先秦 《礼记》

所谓遭，忠于民而信于神也。上思利民，忠也，祝史正辞，①信也。今民馁而君逞欲，②祝史矫举以察，臣不知其可也。……夫民，神之主也，是以圣王先成民而后致力于神。

【注释】①正辞：不虚称君美。②馁：饥饿。

先秦 《左传》

邾文公卜迁于绎。①史曰："利于民而不利于君。"邾子曰："苟利于民，孤之利也。天生民而树之君，以利之也。民既利矣，孤必与焉。"左右曰："命可长也，君何弗为？"邾子曰："命在养民。②死之短长，时也。民苟利矣，迁也，吉莫如之！"遂迁于绎。

【注释】①绎：邾邑，今山东省邹县东南。②命：命分。前文左右所言之命为寿命义。

先秦 《左传》

郑人游于乡校，以论执政。①然明谓子产曰：②"毁乡校，何如？"子产曰："何为？夫人朝夕退而游焉，以议执政之善否。其所善者，吾则行之；其所恶者，吾则改之。是吾师也，若之何毁之？我闻忠善以损怨，不闻作威以防怨。岂不遽止？③然犹防川：大决所犯，伤人必多，吾不克救也；不如小决使道，不如吾闻而药④之也。"

【注释】①议论执掌政权的人。②然明、子产：二人均为郑国大夫。③遽：急，迅速。④药：以之为药。

先秦 《左传》

国之兴也，视民如伤，是其福也；其亡也，以民为土芥，是其祸也。

先秦 《左传》

子墨子言曰："古者明王圣人，所以王天下，正诸侯者，彼其爱民谨忠，利民谨厚，忠信相连，又示之以利，是以终身不厌，殁世而不卷。古者明王圣人，其所以王天下正诸侯者，此也。"

先秦　墨翟《墨子》

防民之口，甚于防川。川壅而溃，①伤人必多，民亦如之。是故为川者，②决之使导，③为民者，宣之使言。④故天子听政，使公卿至于列士献诗，瞽献曲，⑤史献书，师箴，⑥瞍赋，⑦矇诵，⑧百工谏，庶人传语，近臣尽规，亲戚补察，瞽史教诲，耆艾修之，⑨而后王斟酌焉，是以事行而不悖。民之有口，犹土之有山川也，财用于是乎出；犹其原隰之有衍沃也，衣食于是乎生。口之宣言也，善败于是乎兴，行善而备败，其所以阜财用衣食者也。夫民虑之于心，而宣之于口，成而行之，胡可壅也？若壅其口，其与能几何？

【注释】①壅：堵塞。②为川：治河。③导：疏通。④宣：放。⑤瞽：盲者。⑥箴：劝诫。⑦瞍：眼睛无瞳仁。⑧矇：眼睛失明。⑨耆艾：师傅。

先秦　《国语》

用国者，得百姓之力者富，得百姓之死①者强，得百姓之誉者荣。三得者具而天下归之，三得者亡而天下去之。天下归之之谓王，天下去之之谓亡。汤、武者，循其道，行其义，兴天下同利，除天下同害，天下归之。故厚德音以先之，②明礼义以道之，③致忠信以爱之，尚贤使能以次之，④爵服赏庆以申重之，时其事：轻其任以调齐之，⑤潢然兼复之，养长之，如保赤子。⑥生民则致宽，使民则綦理，⑦辨政令制度，所以接下之人百姓，有非理者如毫末，则虽孤独鳏寡必不加焉。是故百姓贵之如帝，亲之如父母，为之出死断亡⑧而不愉者，无他故焉，道德诚明，利泽诚厚也。

【注释】①死：拼死打仗。②德音：道德声望。先之：引导天下人民。③道：通"导"，教导。④次：排列。⑤调齐：调整统一。⑥潢然：广大的样子。这句话意思是：普遍地保护百姓，抚养百姓就好像保护初生的婴儿一样。⑦綦理：极合理。⑧出死断亡：出生入死。

先秦　荀况《荀子》

天之生民，非为君也；天之立君，以为民也。故古者列地建国，非以贵诸侯而已；列官职，差爵禄，非以尊大夫而已。

先秦　荀况《荀子》

先王先顺民心，故功名成。夫以德得民心以立大功名者，上世多有之矣。失民心而立功名者，未之曾有也。得民必有道，万乘之国，百户之邑，民无有不说。取民之所说而民取矣，民之所说岂众哉？此取民之要也。

先秦　《吕氏春秋》

齐王使使者问赵威后。书未发，①威后问使者曰："岁亦无恙耶？民亦无恙耶？王亦无恙耶？"使者不说，②曰："臣奉使使威后。今不问王而先问岁与民，岂先贱而后尊贵者乎？"威后曰："不然。苟无岁，何以有民？苟无民，何以有君？故有问舍本而问末者耶？"

【注释】①发：打开。书未发意即信未拆开。②说：通"悦"。

先秦　《战国策》

且天之生民，非为王也，而天立王以为民也。故其德足以安乐民者，天予之；其恶足以贼害民者，天夺之。《诗》云："殷士肤敏，祼将于京。侯服于周，天命靡常。"①言天之无常予，无常夺也。

【注释】①祼：一种祭仪。

汉　董仲舒《春秋繁露》

欲成霸王之业者，必得胜者也；能得胜者，必强者也；能强者，必用人力者也；能用人力者，必得人心者也；能得人心者，必自得者也。故心者，身之本也；身者，国之本也。未有得己而失人者也，未有失己而得人者也。

故为治之本，务在宁民；宁民之本，在于足用；足用之本，在于勿夺时；勿夺时之本，在于省事；省事之本，在于节用，①节用之本，在于反性。未能有摇其本而静其末，浊其源而清其流者也。

【注释】①节用：当为"节欲"。欲，贪也。

汉　刘安《淮南子》

郦生因曰："臣闻知天之天者，①王事可成；不知天之天者，王事不可成。王者以民人为天，②而民人以食为天。"

【注释】①第一个"天"为仰赖以为生存者之意。第二个"天"为天子之意。②天：同上第一个"天"字。

汉　司马迁《史记》

凡为本之大体，莫善于抑末而务本，莫不善于离本而饰末。夫为国者以富民为本，以正学为基。民富乃可教，学正乃得义，民贫则背善，学淫则诈伪，①入学则不乱，得义则忠孝。故明君之法，务此二者，以为成太平之基，致休征之祥。②

【注释】①不学正道为淫学。②休征：吉利的征兆。

汉　王符《潜夫论》

帝以天为制，天以民为心，民之所欲，天必从之。是故无功庸于民而求盈者，①未尝不力颠也；有勋德于民而谦损者，未尝不光荣也。

【注释】①功庸：功劳、成就。功，国功；庸，民功。

汉　王符《潜夫论》

夫人君之治，莫大于和阴阳。阴阳者，以天为本。天心顺则阴阳和，天心逆则阴阳乖。天以民为心，民安乐则天心顺，民愁苦则天心逆。

汉　王符《潜夫论》

夫天下者，盖亦天下之天下，非一人之天下也。……主非常人也，有德则天下归之，无德则天下叛之。

唐　房玄龄等《晋书》

为君之道，必须先存百姓。若损百姓以奉其身，犹割股以啖腹，腹饱而身毙。

唐　吴兢《贞观政要》

民者国之本也，惟本固而后邦宁，邦宁而后国治。是以自古帝王，又贵能保民育人，乃可以受天享国者。

唐　张九龄《千秋金鉴录》

臣闻国君之所以尊者，重其社稷也。社稷之所以重者，存其百姓也。苟百姓之不存，则虽社稷不得固其重。苟社稷之不重，则虽国君不得保其尊。故理天下者，不可不知百姓之情也。

唐　刘蕡《对贤良方正直言极谏策》

且民者，国之本也，财用所出，安危所系，当务安之为急。安之在精择郡守、县令，及渐绝无名之率尔。若乃横敛不已，人怀危虑，或因饥岁之饥馑，以吏之残酷，相应而起，涂炭海内，此乃心腹之患。

宋《包拯集》

善为天下者，不视其治乱，视民而已矣。民者，国之根本也。天子虽乱，民心未离，不足忧也；天下虽治，民心离，可忧也。人皆曰天下国家，孰为天下？孰为国家？民而已。有民则有天下，有国家，无民则天下空虚矣。国家，名号矣，空虚不可居，名号不足守。然则民其与天下存亡乎！其与国家盛衰乎！自古四夷不能亡国，大臣不能亡国，惟民能亡国。民，国之根本也，未有根本亡而枝叶存者。故桀之亡以民也，纣之亡亦以民也，秦之亡亦以民也。汉有平城之危、①诸吕之难、七国之反、②王莽之夺，汉终不亡，民心未去也。唐有武氏之变、禄山之祸、思明、朱泚、宗权、希烈诸侯之叛，③唐终不亡，民心未去也。

【注释】①平城之危：汉高祖七年（前200年）出击韩王信至平城，为匈奴包围。②七国之乱：汉景帝时，吴、楚等七个诸侯王发动武装叛乱，为周亚夫平定。③思明：即史思明，唐玄宗天宝十四载（755年）与安禄山发动安史之乱。朱泚：唐德宗时叛臣。宗权：即秦宗权，唐末割据势力头目。希烈：即李希烈，唐德宗时叛臣。

宋　石介《根本》

民可明也，不可愚也；民可教也，不可威也；民可顺也，不可强也；民可使也，不可欺也。

宋　程颢、程颐《二程集》

臣闻三代之得天下也，得其民也，得其民有道：得其心，得其心有道：所欲与之聚之，所恶勿施尔也。是则得民之道在察其心之所欲与其心之所恶而已。此古所以有天时不如地利，地利不如人和之语。求民之和，岂必家至户到，一一而求之哉？应天顺人，承天下之大顺，顺民不期和而自和矣。

宋　宗泽《宗忠简集》

民富，则君不至独贫；民贫，则君不能独富。有若深信君民一体之意，①以止公之厚敛。为人上者，所宜深念也。

【注释】①有若：字子有，孔子弟子。

宋　朱熹《四书集注》

国家之与百姓，上下如同一身，民乃国之血气，国乃民之肤体。血气充实则肤体康强，血气损伤则肤体羸病。①未有耗其血气，能彼肤体丰荣者。是故民富则国富，民贫则国贫，民安则国安，民困则国困，其理然也。

【注释】①羸：瘦弱，疲病。

明　宋濂等《元史》

上曰：^①"得天下者得民心也。夫老者民之父母，幼者民之子弟，恤其老则天下之为子弟者悦，恤其幼则天下之为父母者悦，天下之老幼咸悦矣，其心有不归者寡焉。苟取其困穷而不之恤，民将怃然曰：^②'恶在其为我上也。'故周穷乏者，不患无余财，惟患无是心，能推是心，何忧不足。今日之务此最为先，宜速行之。"

【注释】①上：此即明太祖朱元璋。②怃：茫然自失。

《明太祖实录》

治天下者以天下之心为心，治一方者以一方之心为心。朕居君位，^①夙夜念虑，未尝忘民，每思饮食、衣服、百物之奉，皆出民力。民或有寒不得衣，饥不得食，劳不得息，朕何忍独安？尔等皆以才贤为国家任牧民之职，^②夫受人寄者当尽己之力为人，上者当推己之心，治民之道惠养为急，不害播种则民无饥，不妨蚕桑则民无寒。……

【注释】①朕：明成祖朱棣自称。②尔等：明成祖侍臣。此段为成祖对侍臣所说的话。

《明太祖实录》

盗本良民，但为有司不能抚绥，^①更加酷害，始聚为盗。彼岂不爱其生？盖出于不得已。汝往先遣人招抚，^②示以生路，若能散归农田，即是良民，不必穷治。大抵官军所至，必累及无辜，尔等此行，当以保民为重。

【注释】①有司：官吏。②汝：此指侍臣。与下文"尔等"同。

《明太祖实录》

国之所以为国者，民而已，无民则无以为国矣。明圣之君，知兴国之福在爱民，则必省刑罚、薄税敛、宽力役，以为民造福。民之享福，则是国之享福也。彼昏暴之君，视民如土芥，此所以祸之者，无所不至。民既受祸矣，国亦从之，无国则无君矣。国而无君，君而无身与家，人世之祸，孰有大于是哉。推原所自，起于一念之不恤民也。

明 丘浚《大学衍义补》

四海之广，兆民之众，其一才一智未必皆出圣人下也。以圣人无所不能，岂无一毫之未至？以众人之无所能，岂无一见之独精？

明 吕坤《呻吟语》

民者，国之元气也；兵者，国之神气也。元气不消而神气自旺，故治道与医道恒相通也。

清 魏象枢《寒松堂集》

为政者多，知政者寡。政在兵，则见以为固边疆；政在食，则见以为充府库；政在度，则见以为尊朝廷；政在赏罚，则见以为叙官职。四政之立，盖非所见，见止于斯，虽为善政，卒之不固，不充，不尊，不叙，政以日坏，势以日削，国随以亡。国无民，岂有四政？封疆，民固之；府库，民充之；朝廷，民尊之；官职，民养之，奈何见政不见民也？尧曰："四海困穷，天禄永终。"每诵斯言，心堕体战，为民上者，奈何忽之？

清 唐甄《潜书》

唐子尝语人曰："天下之官皆弃民之官，天下之事皆弃民之事，是举天下之父兄子弟尽推之于沟壑也，欲治得乎！天下之官皆养民之官，天下之事皆养民之事，是竭君臣之耳目心思而并注于匹夫匹妇也，①欲不治得乎！诚然以是为政，三年必效，五年必治，十年必富，风俗必厚，讼狱必空，灾祲必消，②麟凤必至。"

【注释】①匹夫匹妇：平民男女，泛指平民。②祲：象征不祥的云气。

清 唐甄《潜书》

致治之道，民为最要。凡事于民生有益，即宜行之。

《大清圣祖仁（康熙）皇帝实录》

则夫教民之道，必先之以养民，惟期顺天因地，养欲给求，俾黎民饱食暖衣，①太平有象，民气和乐，民心自顺，民生优裕，民质自驯，返朴还淳之俗可致，庠序孝弟之教可兴，礼义廉耻之行可敦也。

【注释】①黎民饱食：俾，使。黎民，百姓、民众。

《大清高宗纯（乾隆）皇帝实录》

天下何以治？得民心而已。天下何以乱？失民心而已，民心之得失，在为上者使之耳。民心既得，虽危而亦安；民心既失，虽盛而亦蹶。①

【注释】①蹶：挫败、损失。

清　王韬《弢园文录外编》

善为治者，贵在求民之隐，达民之情。民以为不便者不必行，民以为不可者不必强，察其疴痒而煦其疾痛。①民之于官有如子弟之于父兄，则境无不治矣。古者里有塾，党有庠，乡有校，读法悬书，月必一举。苟有不洽于民情者，民皆得而言之。上无私政，则下无私议。以是亲民之官，其为政不敢大拂乎民心，诚恐一为众人所不许，即不能保其身家，是虽三代以下而犹有古风焉。

【注释】①疴：病。煦，温暖。

清　王韬《园弢文录外编》

德法兼治
——警示后人的1000条中华古训

错国于不倾之地者，授有德也。①积于不涸之仓者，②务五谷也。藏于不竭之府者，养桑麻育六畜也。下令于流水之原者，令顺民心也。使民于不争之官者，③使各为其所长也。明必死之路者，严刑罚也。开必得之门者，信庆赏也。不为不可成者，量民力也。不求不可得者，不强民以其所恶也。不处不可久者，不偷取一时也。不行不可复者，不欺其民也。故授有德，则国安，务五谷，则食足。养桑麻育六畜，则民富。令顺民心，则威令行。使民各为其所长，则用备。严刑罚，则民远邪。信庆赏，则民轻难。量民力，则事无不成。不强民以其所恶，则诈伪不生。不偷取一时，则民无怨心。不欺其民，则下亲其上。

【注释】①错：同"措"。②不涸：不枯竭。③官：此指职事，行业。

先秦 《管子》

圣王之身，治世之时，德行必有所是，道义必有所明。故士莫敢诡俗异礼，以自见于国；莫敢布惠缓行，修上下之交，以私亲于民；莫敢超等逾官，渔利苏功，以取顺于君。圣王之治民也，进则使无由得其所利，退则使无由避其所害，必使反乎安其位，乐其群，务其职，荣其名，而后止矣。故逾其官而离其群者必使有害，不能其事而失其职者必使有耻。是故圣王之教民也，以仁错之，以耻使之，修其能致其所成而止。故曰：绝而定，静而治，安而尊，举错而不变者，圣王之道也。

先秦　《管子》

不法法则事毋常，①法不法则令不行。令而不行则令不法也，②法而不行则修令者不审也，③审而不行则赏罚轻也，重而不行则赏罚不信也，信而不行则不以身先之也。④故曰：禁胜于身则令行于民矣。

【注释】①法法：以法行法。常：常规。②令不法：命令没有成为强制性的法。③审：慎重。④不以身先之也：（统治者）不以身作则行法。

先秦　《管子》

夫火烈，民望而畏之，故群鲜死焉；水懦弱，民狎而玩之，则多死焉。故宽难。

先秦　《左传》

子路曰："卫君待子而为政，子将奚先？"子曰："必也正名乎！"①子路曰："有是哉，子之迂也，奚其正？"子曰："野哉由也！②君子于其所不知，盖阙如也。名不正则言不顺，言不顺则事不成，事不成则礼乐不兴，礼乐不兴则刑罚不中，③刑罚不中则民无所措手足。故君子名之必可言也，言之必可行也。君子于其言，无所苟而已矣。"

子曰："其身正，不令而行；其身不正，虽令不从。"

子曰："苟正其身矣，于从政乎何有？④不能正其身，如正人何？"

【注释】①正名：使名分正。②野：鄙陋。③不中：意即不得当。④此句意为："治理国政有什么困难呢？"

先秦　《论语》

仲尼曰："善哉！政宽则民慢，慢则纠之以猛。猛则民残，残则施之以宽。宽以济猛，猛以济宽，政是以和。"《诗》曰："民亦劳止，汔可小康；①惠此中国，以绥四方。"②施之以宽也。"毋从诡随，以谨无良，式遏寇虐，③憯不畏明。"纠之以猛也。"柔远能迩，④以定我王"，平之以和也。又曰："不竞不絿，不刚不柔，布政优优，百禄是遒，"和之至也。

【注释】①汔：通"乞"，求。②绥：安。③式：发语词。④能：亲善。

先秦 《左传》

听政之大分：①以善至者待之以礼，②以不善至者待之以刑。两者分别，则贤、不肖不杂，是非不乱。贤、不肖不杂则英杰至，是非不乱则国家治。若是，名声日闻，天下愿，③令行禁止，王者之事毕矣。凡听，威严猛厉，而不好假道人，则下畏恐而不亲，周闭而不竭，④若是，则大事殆乎弛，小事殆乎遂。和解调通，⑤好假道人，而无所凝止之，则奸言并至，尝试之说锋起，⑥若是，则听大事烦，是又伤之也。故法而不议，则法之所不至者必废。⑦职而不通，则职之所不及者必队。⑧故法而议，职而通，无隐谋，无遗善，而百事无过，非君子莫能。故公平者，听之衡也，⑨中和者听之绳也。其有法者以法行，无法者以类举，听之尽也。偏党而无经，听之辟也。故有良法而乱者，有之矣；有君子而乱者，自古及今，未尝闻也。传曰："治生乎君子，乱生乎小人。"此之谓也。

【注释】①听政：处理政事。大分，要领，关键。②善至者：怀着好意来的人。③愿：敬仰羡慕。④周闭而不竭：隐瞒而不把话说完。⑤和解调通：随和而容易接近。⑥锋起：同"蜂起"。⑦法：法令制度。⑧职：职权。⑨衡：准则。

先秦 荀况《荀子》

有乱君，无乱国，有治人，无治法。羿之法非亡也，而羿不世中；①禹之法犹存，而夏不世王。故法不能独立，类②不能自行，得其人则存，失其人则亡。法者，治之端也；君子者，法之原也。③故有君子，则法虽省，足以遍矣；无君子，则法虽具，失先后之施，不能应事之变，足以乱矣。不知法之义而正法之数者，④虽博，临事必乱。故明主急得其人，而暗主⑤急得其势。急得其人，则身佚而国治，功大而名美，上可以王，下可以霸；不急得其人，而急得其势，则身劳而国乱，功废而名辱，社稷必危。故君人者，劳于索之，而休于使之。《书》曰："惟文王敬忌，一人以择。"⑥此之谓也。

【注释】①羿：即后羿，传说中上古善射的君主。②类：指依法处理某一类事情的条例。③原：同"源"。④正法之数：正，确定。数，法律条文。⑤闇：同"暗"。闇主，昏庸的君主。⑥一人以择：亲自去选择一个人。

先秦 荀况《荀子》

彼王者不然，仁眇天下，①义眇天下，威眇天下。仁眇天下，故天下莫不亲也；义眇天下，故天下莫不贵也；威眇天下，故天下莫敢敌也。以不敌之威辅服人之道，故不战而胜，不攻而得，甲兵不劳而天下服，是知王道者也。

知此三具者，欲王而王，欲霸而霸，欲强而强矣。

王者之人，饰动以礼义，②听断以类，明振毫末，举措应变而不穷，夫是之谓有原，是王者之人也。

王者之论，无德不贵，无能不官，无功不赏，无罪不罚。朝无幸位，民无幸生。尚贤使能，而等位不遗；折愿禁悍，而刑罚不过。③百姓晓然皆知夫为善于家而取赏于朝也，为不善于幽而蒙刑于显也。夫是之谓定论，是王者之论也。

【注释】①眇：高远。②饰动：约束、检点行为。③折愿禁悍：愿，狡诈。悍，凶暴。

先秦 荀况《荀子》

故用国者，①义立而王，信立而霸，②权谋立而亡。三者明主之所谨择也，仁人之所务白也。③

【注释】①用国：治理国家。②信：守信用，此可理解为法治。③务白：务必明白。

先秦 荀况《荀子》

臣闻：古之明君错法而民无邪，①举事而材自练，②赏行而兵强。此三者治之本也。夫错法而民无邪者，法明而民利之也。举事而材自练者，功分明。③功分明，则民尽力。民尽力，则材自练。行赏而兵强者，爵禄之谓也。爵禄者兵之实也。是故人君之出爵禄也，道明。道明则国日强，道幽则国日削。④故爵禄之所道，存亡之机也。夫削国亡主非无爵禄也，其所道过也。三王五霸，其所道不过爵禄，而功相万者，其所道明也。是以明君之使其臣也，用必出于其劳，赏必加于其功。功赏明，则民竞于功。为国而能使其尽力以竞于功，则兵必强矣。

【注释】①错法：即措法，建立法度。②练：练达。③功分：功劳的分量。④幽：暗。

先秦　《商君书》

圣人之为国也，壹赏，①壹刑，壹教。壹赏则兵无敌，壹刑则令行，壹教则下听上。夫明赏不费，②明刑不戮，明教不变，而民知于民务，国无异俗。明赏之犹③至于无赏也。明刑之犹至于无刑也。明教之犹至于无教也。

【注释】①壹赏：即统一赏赐。②费：耗费（资财）。③犹：同"猷"，即道路。

先秦　《商君书》

法制明则民畏刑。法制不明，而求民之行令也，不可得也。民不从令，而求君之尊也，虽尧、舜之知，①不能以治。明王治天下也，缘法而治，按功而赏。凡民之所疾战不避死者，以求爵禄也。明君之治国也，士有斩首捕虏之功，必其爵足荣也，禄足食也。农不离廛者，②足以养二亲，治军事，③故军士死节，而农民不偷也。

【注释】①知：即"智"。②廛：民居区域之称。③治军事：即给军队提供粮草等物。

先秦　《商君书》

故圣人之为国也，不法古，不修今，①因世而为之治，度俗而为之法。故法不察民情而立之，则不成。治宜于时而行之，则不干。②故圣人之治也，慎为察务，归心于壹而已矣。

【注释】①修：或说修当作"循"。②干：假借为扞，抵触。

先秦 《商君书》

故治民无常，唯治为法。法与时转则治，治与世宜则有功。故民朴而禁之以名则治，世知，维之以刑则从。时移而治不易者乱，能治众而禁不变者削。故圣人之治民也，法与时移而禁与能变。

先秦 韩非《韩非子》

大夫曰：①"令者，所以教民也；法者，所以督奸也。令严而民慎，法设而奸禁。罔疏则兽失，②法疏则罪漏。罪漏则民放佚而轻犯禁。故禁不必，怯夫侥幸；诛诚，蹠、跻不犯。是以古者作五刑，刻肌肤而比不逾矩。"

【注释】①大夫：指桑弘羊。②罔：同"网"，捕鸟兽鱼虾等的工具。

汉 桓宽《盐铁论》

霸功之大者，①尊君卑臣。权统由一，政不二门。赏罚必信，法令著明。百官修理，威令必行。此霸者之术。

【注释】①霸：即"霸道"，与王道相对，指国君凭借武力、刑罚、权势等进行统治。

汉 桓谭《桓子新论》

且夫法也者，先王之政也；令也者，己之命也。先王之政所以与众共也，己之命所以独制人也，君诚能授法而时贷之，①布令而必行之，则群臣百吏莫敢不悉心从己令矣。己令无违，则法禁必行矣。故政令必行，宪禁必从，②而国不治者，未尝有也。此一弛一张，以今行古，以轻重尊卑之术也。

【注释】①贷：宽免。②宪：法令。

汉　王符《潜夫论》

夫帝王者，其利重矣，其威大矣。徒悬重利，①足以劝善；徒设严威，可以惩奸。乃张重利以诱民，操大威以驱之，则举世之人，可令冒白刃而不恨，②赴汤火而不难，岂云但率之以共治而不宜哉？若鹰，野鸟也，然猎夫御之，犹使终日奋击而不敢怠，岂有人臣而不可使尽力者乎？

【注释】①徒：但，仅。②白刃：锋利的刀。

汉　王符《潜夫论》

刑罚者，治乱之药石也；德教者，兴平之粱肉也。夫以德教除残，是以粱肉理疾也；以刑罚理平，是以药石供养也。

汉　崔寔《政论》

致治之术，先屏四患，乃崇五政。一曰伪，二曰私，三曰放，①四曰奢。伪乱俗，私坏法，放越轨，奢败制。四者不除，则政未由行矣。俗乱则道荒，虽天地不得保其性矣。法坏则世倾，虽人主不得守其度矣。轨越则礼亡，虽圣人不得全其道矣。制败则欲肆，虽四表不能充其求矣。②是谓四患。兴农桑以养其生，审好恶以正其俗，宣文教以章其化，立武备以秉其威，明赏罚以统其法，是谓五政。

赏罚，政之柄也。明赏必罚，审信慎令。赏以劝善，罚以惩恶。人主不妄赏，非徒爱其财也，赏妄行则善不劝矣。不妄罚，非徒慎其刑也，罚妄行则恶不惩矣。赏不劝，谓之止善；罚不惩，谓之纵恶。在上者能不止下为善，不纵下为恶，则国治矣，是谓统法。

【注释】①放：恣纵、放任。②四表：四方极远的地方。

汉　荀悦《申鉴》

治国有二柄，①一曰赏，二曰罚。赏者，政之大德也，罚者，政之大成也。人所以畏天地者，以其能生而杀之也。为治审持二柄，能使杀生不妄，则其威德与天地并矣。信顺者，②天地之正道也；诈逆者，天地之邪路也。民之所好莫甚于生，所恶莫甚于死。善治民者，开其正道，因所好而赏之，则民乐其德也；塞其邪路，因所恶而罚之，则民畏其威也。善赏者，赏一善而天下之善皆劝，善罚者，罚一恶而天下之恶皆惧者何？赏功而罚不贰也。有善，虽疏贱必赏，③有恶，虽贵近必诛矣，④可不谓公而不贰乎？⑤若赏一无功，则天下饰诈矣，罚一无罪，则天下怀疑矣。是以明德慎赏，而不肯轻之，明德慎罚，而不宜忽之。夫威德者，相须而济者也。故独任威刑而无德惠，则民不乐生，独任德惠而无威刑，则民不畏死。民不乐生，不可得而教也，民不畏死，不可得而制也。有国立政，能使其民可教可制者，其唯威德足以相济者乎。

【注释】①柄：根本。②信顺：信，诚实，不欺。顺，顺从，和顺。③疏贱：疏远低贱之人。④贵近：高贵亲近之人。⑤贰：怀疑，不信任。

晋　傅玄《傅子》

凡人所以临坚阵而忘身，触白刃而不惮者，①一则求荣名，二则贪重赏，三则畏刑罚，四则避祸乱。非此数事，虽圣王不能劝其臣，慈父不能利其子。明主深知其情，故赏必行，罚必信，使亲疏、贵贱、勇怯、贤愚，闻钟鼓之声，②见旌旗之列，莫不奋激，竞赴敌场，岂厌久生而乐早死也，利害悬于前，欲罢不能耳。

【注释】①惮：畏惧。②钟鼓之声：此指战场上催征之声。

北齐　魏收《魏书》

法术者，人主之所执，为治之枢也，术藏于内，随务应变，法设于外，适时御人。……是以明主务循其法，因时制宜。苟利于人，不必法古，必害于事，不可循旧。夏商之衰，不变法而亡，三代之兴，不相袭而王；尧舜异道而德盖天下，汤武殊治而名施后代。由此观之，法宜变动，非一代也。今法者则溺于古律，儒者则拘于旧礼，而不识情移而法宜变改也，此可与守法而施教，不可与论法而立教。故智者作法，愚者制焉，①贤者更礼，不肖者拘焉。拘礼之人，不足以言事，制法之士，不足以论理。若握一世之法，以传百世之人，由以一衣拟寒暑，一药治痤瘕也。②若载一时之礼，以训无穷之俗，是刻舟而求剑，守株而待兔。故制治者为理之所由，而非所以为治也；礼者，成化之所宗，而非所以成化也。成化之宗，在于随时，为治之本，在于因世，未有不因世而欲治，不随时而成化，以斯治政，未为衰也。

【注释】①此句意为愚者受制。②痤瘕：痤，疖子。瘕，腹中结块，肿瘤。

北齐 刘昼《刘子》

臣闻古之御天下者，其政有三。王者化之，用仁义也；霸者威之，任权智也；强国胁之，务刑罚也。是以化之不足，然后威之；威之不变，然后刑之。

唐《陈子昂集》

伏以理国化人，在于奖一善，使天下之为善者劝；罚一恶，使天下之为恶者惩。是以爵者必于朝，①刑人必于市，惟恐众之不睹，事之不彰。君上行之无愧心，兆庶听之无疑议。受赏安之无怍色，②当刑居之无怨言。此圣王所以宣明典章与天下公共者也。奖而不言其善，斯谓曲贷；罚而不书其恶，斯谓中伤。曲贷则授受不明，而恩幸之门启；中伤则枉真莫辨，而谗间之道行。此柄一亏，为害滋大。凡是谮愬之辈，③多非信实之言，利于中伤，惧于公辨。或云岁月已久，不可究寻；或云事体有妨，须为隐忍；或云恶迹未露，宜假他事为名；或云但弃其人，何必明言责辱。词皆近于情理，意实包于矫诬。伤善售奸，莫斯为甚。伏惟圣鉴之下，必无浸润之流。然于称毁之言，不可不辨，赏罚之典，不可不明。

【注释】①朝：朝廷。此句意为受爵者必于朝廷正式公布。②怍：惭愧。③谮愬：谮，诬陷。愬，诽谤。

唐　陆贽《陆宣公文集》

食者，人仰以生也；适则饱，过则病，甚病者死。法者，国仰以安也；顺则治，逆则乱，甚乱者灭。

北宋　宋祁《杂说》

夫为政之要，在于用人、赏善、罚恶而已。三者之得，则远近翕然，①向风从化，可以不劳而成，无为而治。三者之失，则流闻四方，莫不解体，纲纪不立，万事隳颓，②治乱之原，安危之机，尽在于是。

【注释】①翕然：和顺、聚合的样子。形容言论、行为一致。②隳颓：毁坏。

宋　司马光《司马文正公传家集》

吕惠卿讲咸有一德，①因言："法不可不变，先王之法，有一岁一变者，正月始和，置于象魏是也；②有五岁一变者，五载一巡守，③考制度于诸侯是也，有百世不变者，父慈子孝，兄友弟恭是也。"前日，司马光言汉守萧何之法则治，④变之则乱，臣窃以为不然。惠帝除三族罪、妖言令、挟书律，文帝除收孥令，安得谓之不变哉？武帝以穷兵黩武，奢淫厚敛，而盗贼起。宣帝以总核名实，而天下治。元帝以任用恭显，杀萧望之，而汉道衰。皆非由变法与不变法也。夫以弊则必变，安得坐视其弊而不变邪？《书》所谓"无作聪明乱旧章"者，谓实非聪明，而强作之，非谓旧章不可变也。

【注释】①吕惠卿：北宋大臣，曾协助王安石变法。②象魏：宫廷外的阙门。门在两旁，中央阙然为道，以其悬法。谓之象魏。③巡守：帝王离开国都巡行境内。④萧何：汉初丞相。

宋　江少虞《宋朝事实类苑》

荀子曰："有治人，无治法。"窃譬之欲拨乱反正者如越江湖，法则舟也，人则操舟者也。若舟破楫坏，虽有若神之技，人人知其弗能济矣。故乘

大乱之时必变法。法不变而能成治功者，未之有也。

宋　胡宏《知言》

臣闻赏罚，国之大柄，人君所以驭群臣，定国是，立主威。盖功同赏异，则赏不足以示劝，罪同罚异，则罚不足以示惩。昔汉宣帝致中兴之盛，本于信赏必罚而已。自古致治之君，未有不由此也。

宋　徐梦莘《三朝北盟会编》

凡今之所以未臻于至治者，良由法无定体，人无定分，政出多门，不相统一故也。臣谓诸外路军民钱谷之官，宜悉委中书，①通行迁转，其赏罚黜陟，一听于中书；其善恶能否，一审于御史。为此，则官有定名之实，法有划一之规矣。又大臣贵和不贵同，和于义，则公道昭明，有揖让之治；同于利，则私怨萌生，超忿争之乱，此必然之效也。诚能中外戮力，②将相同心。和若盐梅，③固如金石，各慕相如、寇恂、相下之义，夹辅王室，协赞圣猷。陛下临之以日月之明，怀之以天地之量，操威福之权，执文武之柄，俾法有定体，人有定分。上下使之，如身之运臂，臂之任指；下之事上，如使足之承身，身之尊首，各勤厥职，各尽乃心。夫如是，天下何忧不理，国势何忧不振乎！

【注释】①中书：官名。下文"御史"亦官名。②中外：中央与地方。③盐梅：咸盐与酸梅，均为调味品，用以喻整治国家。

宋　陈祐《三本书》

上谓宰臣曰："帝王之政，固以宽慈为德，然如梁武帝专务宽慈，以至纲纪大坏。朕尝思之，赏罚不滥，即是宽政也，余复何为。"

元　脱脱等《金史》

赏罚者，国之大权。人君操赏罚之权，以御天下，一主于至公。故有公者，虽所憎必赏；有罪者，虽所爱必罚。赏以当功，上不为德；罚以当罪，下不敢怨。不以小嫌而妨大政，不以私意而害至公，庶有以服天下之心。

《明太祖实录》

欲兴治道，必振纪纲；欲振纪纲，必明赏罚；欲明赏罚，必辨是非；欲辨是非，必决壅蔽；欲决壅蔽，必惩欺罔；欲惩欺罔，必通言路。言官之言，虽未必可尽听，然山有猛兽，藜藿不采，①必使敢言，然后宄窃之辈不敢为奸，②纵有不可听者，必须容之。

【注释】①藜、藿：均为野菜。②宄窃：盗窃、作乱的坏人。

明　高拱《本语》

治狱有四要：公、慈、明、刚。公则不偏，慈则不刻，明则能照，刚则能断。

明　薛瑄《薛文清公从政录》

法者何？黜陟予夺是也。所谓"天命有德"，"天讨有罪"，发乎人心之当然，而不容或爽者也。①有如佛氏之说行，则凡君子而被戮辱，皆其自作之孽，而戮辱之者，非为伪善；凡小人而被显荣，皆其自贻之体，而显荣之者，非为庇恶。揆诸人心之当然，②而不容或爽处，吾见了不相蒙也。于是黜陟予夺，且贸然无所凭依，而法穷矣。

【注释】①爽：差错，过失。②揆：测度，度量。

明　顾宪成《小心斋札记》

法不可以轻变也，亦不可以苟因也。苟因则承敝袭舛，①有颓靡不振之虞，此不事事之过也。②轻变则厌故喜新，有更张无序之患，此太多事之过也。……夫法制无常，近民为要，古今异势，便俗为宜。……法无古今，惟其时之所宜。与民之所安耳，时宜之，民安之，虽庸众之所建立，不可废也。戾于时，③拂于民，虽圣哲之所创造，可无从也。

【注释】①舛：差错。②事事：做事。前一"事"字作动词用。③戾：乖张。

明　张居正《张太岳文集》

朝廷鼓舞天下之大权，莫大于赏罚。赏罚明而纲纪正，心术亦正，乃可以治天下而不劳。

清　魏象枢《寒松堂集》

有治人，无治法，此言虽是，然后世每每借此为言，废法不讲，则非也。孟子曰：徒善不足以为政。又曰：为政不因先王之道，可谓智乎？譬有攻木之工于此，虽善治木，必求规矩斧斤之器。规矩斧斤者，亦匠人之法也。规矩必求其端，斧斤必求其利，此必然之理。有贱工焉，颠倒规矩，错杂斧斤，主人不责匠，而归过于规矩斧斤，有是理哉？

清　陆世仪《陆桴亭思辨录辑要》

"恩威"二字，万不可偏用。偏用之，目前虽有小效，将来必更遗大患，非为国家图久安之策，朕所不取。

《大清世宗宪（雍正）皇帝实录》

臣闻帝王之治天下也，如治巨室然。公卿者，栋梁也；百执事者，茨盖也①；民也者，基址也；士也者，储蓄也；将帅者，垣墉也②；甲兵者，关键也③。是皆不可不朝念夕思也。天下至大，百官兆民至众，与夫庠序之修明，边圉之巩固④，其事皆萃于人主之一身。而要其所以致治之具无他焉，在慎守其纪纲而已矣。盖信赏必罚者，治天下之大柄也。以正官方，则忠荩自矢之臣，必重其任而善遇之，其背公营私者，在所必斥也。以裕民生，则课农务本之吏，必著其劳而优奖之，其治理无状者，在所必罢也。以端士习，则上贤以崇德，简不肖以绌恶，而因言亦当核其邪正之分。以严武备，则选将必取其有谋，练士必取其用命，而有事更必明其功罪之实。此所谓慎守其纪纲者也。盖虽圣王在上，不能使朝尽无金壬⑤，野尽无游惰，学校必无辱行之士，四境必无窃发之虞，而其所以卒成治者，道不越乎此。

【注释】①茨盖：屋顶。②垣墉：垣，矮墙。墉，墙壁。③关键：锁门的工具。④圉：边境。⑤金壬：小人。

清　卢文弨《抱经堂文集》

宽以待百姓，严以驭吏役，治体之大凡也。然严非刑责而已，赏之以道，亦严也。以其才尚可用，宜罚而姑贷之，即玩法所自来矣。有功必录，不须抵过，有过必罚，不准议功，随罚随用，使之有以自效。知刑赏皆所自取，而官无成心，则人人畏法急公，事无不办。姑息养奸，驭吏役者所当切戒。

清　汪祖辉《学治臆说》

善人要奖劝之，恶人先戒谕之，不改则惩儆之，元恶则翦除之，戒休董威，道贵并行，若一味姑容，养奸流毒，亦不是诚心爱民。

清　万维翰《幕学举要》

法纪者，国家所以治百姓，法纪之行不行，其关键仍在百姓。而不在国。

清　曾纪泽《曾纪泽遗集》

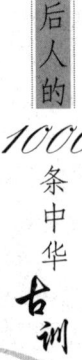

忠于职守

季康子问："使民敬、忠以劝，①如之何？"子曰："临之以庄，则敬；孝慈，则忠；举善而教不能，则劝。"

【注释】①忠以劝：连词，与"和"同。劝，劝勉。

先秦　《论语》

子张问政。子曰："居之无倦，行之以忠。"

先秦　《论语》

临患不忘国，忠也；思难不越官，信也；图国忘死，贞也。谋主三者，义也。

先秦　《左传》

反自召陵，郑子大叔未至而卒。晋赵简子为之临，甚哀，曰："黄父之会，夫子语我九言，曰：'无始乱，无怙富，无恃宠，无违同，无敖礼，①无骄能，无复怒，无谋非德，②无犯非义。'"③

【注释】①敖：同"傲"。②非德：指违德之事。③非义：指不义之事。

先秦　《左传》

求善处大重，①任大事，擅宠于万乘之国，必无后患之术：莫若好同之，②援贤博施，除怨而无妨害人。能耐任之，③则慎行此道也；能而不耐任，且恐失宠，则莫若早同之，推贤让能，而安随其后。如是，有宠则必荣，失宠则必无罪。是事君者之宝而必无后患之术也。故知者之举事也，满则虑嗛，④平则虑险，安则虑危，曲重其豫，⑤犹恐及其祸，是以百举而不诒也。孔子曰："巧而好度，⑥必节；勇而好同，必胜；知而好谦，必贤。"此之谓也。愚者反是：处重擅权，则好专事而妒贤能；抑有功而挤有罪，志骄盈而轻旧怨；以吝啬而不行施道乎上，⑦为重招权于下以妨害人；虽欲无危，得乎哉？是以位尊则必危，任重则必废，擅宠则必辱，可立而待也，可炊而镜也，⑧是何也？则堕之者众而持之者寡矣。

【注释】①处大重：保持高的职位。②好同之：意为善于与人合作。③能耐：能，能力，才能。耐，通"能"，能够。④嗛：通"歉"，不足。⑤曲重其豫：意为周全慎重做好预防。⑥巧：灵巧。⑦悋啬：同"吝啬"。⑧镜：通"竟"，完结。

先秦 荀况《荀子》

贤者之事也，虽贵不苟为，虽听不自阿，①必中理然后动，必当义然后举，此忠臣之行也。贤主之所说，②而不肖主虽不肖其说，非恶其声也。人主虽不肖，其说忠臣之声与贤主同，行其实则与贤主有异。异，故其功名祸福亦异。异，故子胥见说于阖闾而恶乎夫差，比干生而恶于商、死而见说于周。

【注释】①听不自阿：谓言虽被主上听到，但不曲说以惑主。②说：同"悦"。

先秦 《吕氏春秋》

人臣之道，思善则献之于上，闻善则献之于上，知善则献之于上。夫民者，唯君者有之，为人臣者助君理之。故夫为人臣者，以富乐民为功，以贫苦民为罪。故君以知贤为明，吏以爱民为忠。故臣忠则君明，此之谓圣王。

故官有假而德无假，位有卑而义无卑。故位下而义高者，虽卑，贵也；位高而义下者，虽贵，必穷。呜呼！戒之哉！戒之哉！行道不能，穷困及之。

汉　贾谊《新书》

诏曰："狱者万民之命，所以禁暴止邪，养育群生也。能使生者不怨，死者不恨，则可谓文吏矣。今则不然，用法或持巧心，析律贰端，①深浅不平，增辞饰非，以成其罪。奏不如实，上亦亡繇知。②此朕之不明，吏之不称，四方黎民将何仰哉！二千石各察官属，勿用此人。吏务平法。或擅兴繇役，③饰厨传，④称过使客，越职逾法，以取名誉，譬犹践薄冰以待白日，岂不殆哉！"

【注释】①析律贰端：谓分破律条，妄生端绪。②亡繇：亡通"无"。繇：通"由"。③繇通"徭"。④厨传：即驿站。

汉　班固《汉书》

在官惟明，莅事惟平，立身惟清。清则无欲，平则不曲，明能正俗。三者备矣，然后可以理人。

汉　马融《忠经》

忠臣之事君也，莫先于谏。下能言之，上能听之，则王道光矣。谏于未形者，上也；谏于已彰者，次也；谏于既行者，下也。违而不谏，则非忠臣。夫谏始于顺辞，中于抗议，终于死节，以成君体，以宁社稷。

汉　马融《忠经》

报国之道有四：一曰贡贤，二曰献猷，①三曰立功，四曰兴利。贤者国之干，猷者国之规，功者国之将，利者国之用。是皆报国之道，惟其能而行之。

【注释】①猷：谋略，法则。

汉　马融《忠经》

帝王之所尊敬，天之所甚爱者，民也。今人臣受君之重位，牧天之所甚爱，①焉可以不安而利之，养而济之哉？是以君子任职则思利民，达上则思进贤，功孰大焉？故居上而下不重也，在前而后不殆也。《书》称："天工人其代之"，王者法天而建官，自公卿以下，至于小司，②辄非天官也？③是故明主不敢以私爱，忠臣不敢以诬能。④夫窃人之财，犹谓之盗，况偷天官以私己乎？以罪犯人，必加诛罚，况乃犯天，得无咎乎？

五代之臣，以道事君，以仁抚世，泽及草木，兼利外内，普天率土，莫不被德，其所安全，真天工也。是以福祚流衍，⑤本枝百世。季氏之臣，不思顺天，而时主是谀，谓破敌者为忠，多杀者为贤。白起、蒙恬，秦以为功，天以为贼。息夫、董贤，主以为忠，天以为盗。此等之俦，⑥虽见贵于时君，然上不顺天心，下不得民意，故卒泣血号咷，⑦以辱终也。《易》曰："德薄而位尊，智小而谋大，力少而任重，鲜不及矣。"是故德不称其任，其祸必酷；能不称其位，其殃必大。

【注释】①牧：统治。②小司：官职之卑者。③辄：疑为"孰"字。④诬能：本无能而自以为能。⑤祚：福。流衍：广布、充溢。本枝百世：谓子子孙孙。⑥俦：伴侣，同类。⑦咷：哭。

汉　王符《潜夫论》

人臣有三罪，一曰导非，二曰阿失，三曰尸宠。以非引上谓之导，从上之非谓之阿，见非不言谓之尸。导臣诛，阿臣刑，尸臣绌。①进忠有三术，一曰防，二曰救，三曰戒。先其未然谓之防，发而止之谓之救，行而责之谓之戒。防为上，救次之，戒为下。下不钳口，上不塞耳，则可有闻矣。有钳之钳，犹可解也；无钳之钳，难矣哉！②有塞之塞，犹可除也；无塞之塞，其甚矣夫。

【注释】①绌：通"黜"，废退。②有钳之钳：谓有意钳口。

汉　荀悦《申鉴》

人臣勋不弘，则耻俸禄之虚厚也；绩不茂，则羞爵命之妄高也。履信思顺，天人攸赞，畏盈居谦，乃终有庆。①举足则蹈道度，抗手则奉绳墨，②褒崇虽淹留而悔，辱亦必远矣。若夫损上以附下，③废公以营私，阿媚曲从，以水济水，君举虽谬而谄笑赞善。数进玩好，陷主于恶，巧言毁政，令色取悦。上蔽人主之明，下杜进贤之路，外结出境之交，内树背公之党，虽才足饰非，言足文过，专威若赵高，擅朝如董卓，未有不身膏剡锋，④家糜汤火者也。⑤

【注释】①庆：福，善。②抗手：举手。③损上以附下：疑为"损下以附上"之误。④膏：滋润，犹言触。剡：锐利。⑤汤火：热汤与烈火。

晋　葛洪《抱朴子》

天无私覆，地无私载，日月无私烛，四时无私为。忍所私而大义，可谓公矣。智而用私，不若愚而用公。人臣之公者，理官事则不营私家，在公门则不言货利，当公法则不阿亲戚，奉公举贤则不避仇雠，忠于事君，仁于利下，推之以恕道，行之以不党，伊吕是也。故显名存于今，是之谓公也。

理人之道万端，所以行之在一。一者何？公而已矣。唯公心可以奉国，唯公心可以理家。公道行，则神明不劳而邪自息；私道行，则刑罚繁而邪不禁。故公之为道也，言甚少而用甚博。

唐　武则天《臣轨》

清静无为，则天与之时；恭廉守节，则地与之财。君子虽富贵，不以养伤身；虽贫贱，不以利毁廉。知为吏者，奉法以利人；不知为吏者，枉法以侵人。理官莫如平，临财莫如廉，廉平之德，吏之宝也。知者不为非其事，廉者不求非其有。是以远害而名彰也。故君子行廉以全其真，守清以保其身，富财不如义多，高位不如德尊。

唐　武则天《臣轨》

为政先教化而后刑，责宽猛适中，循循不迫，俾民得以安居乐业，则历久而无弊。若矜用才智以兴立为事，专尚威猛以击搏其民，而求一时赫赫之名，其初固亦骇人观听，然多不能以善后。历观古今其才能足以盖众者，固多矣，然利未及民而所伤者已多。故《史》、《传》独有取于循吏者，无他索隐，①所谓"奉职循理，为政之先"是也。

【注释】①索隐：寻求事物隐僻之理。

宋 陈襄《州县提纲》

公事随日而生，前者未决，后者继之，则所积日多，坐视废弛，其势不得不付之胥吏矣。①凡文书之呈押与讼事之可剖决者，要当随日区遣，无致因循。行之有准，则政有条理，事无留滞，终于简静矣。

【注释】①胥吏：官府中办理文书的小吏。

宋 陈襄《州县提纲》

官司凡施设一事情休戚系焉，必考之于法，揆之于心，了无所疑，然后施行。有疑，必反复致思，思之不得，谋于同僚。否则，宁缓以处之，无为轻举以贻后悔。

宋 陈襄《州县提纲》

当官者先以暴怒为戒。事有不可，当详处之，必无不中。若先暴怒，只能自害，岂能害人？前辈尝言："凡事只待。"待者，详处之谓也。盖详处之，则思虑自出，人不能中伤也。

宋 吕本中《官箴》

臣闻善观人之国者无他，惟公道行与否尔。《书》曰："毋虐茕独而畏高明。"①《诗》曰："柔亦不茹，刚亦不吐。"②此为国之要也。若夫虐茕独，畏高明，茹柔吐刚，而能使天下治者，自古未之有也。朝廷之体，责大臣宜详，责小臣宜略；郡县之政，治大姓宜详，治小民宜略；赋敛之事，宜先富室；征税之事，宜核大商。是之谓至平，是之谓至公。行之一邑则一邑治，行之一郡则一郡治，行之天下而治不逮于古者，万无是理也。

【注释】①茕独：孤独之人。高明，贵宠之人。语出《尚书·洪范》。②茹：

吃。

宋　陆游《渭南文集》

官无大小，凡事只是一个"公"。若公时，做得来也精采；便若小官，人也望风畏服。若不公，便是宰相，做来做去也只得个没下梢。①

【注释】①下梢：结果，终结。

宋　朱熹《朱文公政训》

当官之法唯有三事，曰清、曰慎、曰勤。知此三者则知所以持身矣。然世之仕者临财当事不能自克，常自以为不必败，持不必败之意，则无不为矣。然事常至于败而不能自已。故设心处事，戒之在初，不可不察。借使役用，权智百端，补治幸而得免，所损已多，不若初不为之为愈也。司马子微（《坐忘论》）云："与其巧持于末，孰若拙戒于初。"此天下之要言，当官处事之大法，用力寡而见功多。无如此言者，人能思之，岂复有悔吝哉？

宋　吕祖谦《东莱别集》

士之不廉，犹女之不洁。不洁之女，虽功容绝人，不足自赎。①不廉之士，纵有他美，何足道哉！

公事在官，是非有理，轻重有法，不可以己私而拂公理，亦不可骪公法以徇人情。②诸葛公有言："吾心如秤，不能为人作轻重。"此有位之士，所当视以为法也。然人之情每以私胜公者，盖徇货贿则不能公，任喜怒则不能公，党亲戚，畏豪强，顾祸福，计利害，则皆不能公。殊不思是非之不可易者，轻重之不逾者，国法也。以是为非，以非为是，则逆天理矣。以轻为重，以重为轻，则违乎国法矣。居官临民，而逆天理、违国法，于心安乎？雷霆鬼神之诛，金科玉律之禁，其可忽乎？

【注释】①赎：抵销或弥补罪过。②骪：枉曲。骪法犹言枉法。

宋　真德秀《西山政训》

莅官之要曰廉与勤，不特县令应尔也。①然县有一州之体，而视民最亲，故廉、勤一毫或亏，其害于政也。

【注释】①尔：这样，如此。

宋　胡太初《昼帘绪论》

前车取覆之由，不以廉节自守，增禄自厚，一也；不能犯颜直谏，嘿嘿自保，①二也；不能秉心公正，专用私门，三也；不能振立纪纲，畏首畏尾，不克协心一力，引养小人以启告讦，四也；不审大利病，切切细务，五也。大臣之道，先能正己，德足以服天下，才足以烛万几，②救乱于未萌，致治于未乱，不动声色，怀忠贞尽瘁之节，然后以义理雍容不迫格君心之非，③养君心之良德，将顺匡救，以道事君；必知其不可辅，以义而去，见几而作，此为臣始终之义也。

【注释】①嘿：通"默"。嘿嘿，沉默。②烛万几：烛，洞悉。万几，犹言万机。③格：纠正。

元　胡祗遹《杂著》

一曰尚廉，谓甘心淡薄，绝意纷华，不纳苞苴，①不受贿赂，门无请谒，身远嫌疑，饮食宴会，稍以非义，皆谢却之。二曰尚勤，谓早入晏出，②奉公忘私，虽休勿休，恪谨匪懈，③呈押文字，发遣公事，务为敏速，耻犯稽迟，躬操笔砚，不仰小吏，手阅簿书，不辞劳役。三曰尚能，谓练习格例，晓畅行移，是非曲直，先以意决，然后取裁，凡所处画，④悉令合宜，文义略通，字无不识，写染端正，算术精明，举止安详，语言辩利，无过可寻，有委可办。

【注释】①苞苴：以财物行贿或行贿的财物。②晏：晚。③恪谨：恭敬而勤谨。匪，通"非"。④处画：处，处理，安排。画，谋划，计策。

元　徐元瑞《吏学指南》

高不可欺者，天也；尊不可欺者，父也；上不可欺者，君也；下不可欺者，民也。欺天，欺父，欺君，欺民，是名滥官污吏也。

公侯之职，在上不骄。骄者倨傲，①官吏贤善去矣，不知君使臣以礼焉。敬者，敬重民也。高而不危，危者夺人妻女，并人名位，侵人田宅，探人异物，祸必危矣。满而不溢，溢者遗逸政事，沉缅酒色，盘游飞放，②奢侈宅园，职必流矣，富贵去矣，身必残矣，悔必及矣。

公侯之职，当求公正，大忌求异政，沽名钓誉，败众成己也。要忠名者好讦告，要高名者好诈伪，要廉名者好聚敛，要清名者好怪异，不知重己身者不仁也，好自大者不义也，贪名誉者不智也，是以君子不求异政也。

为政妄兴功役，横起事端，害州县不过千日，害国者不过期年，害天下者不过十旬，自投坑井，取祸之道也。

为政在上欺君，在下诳民，舞文弄法，谕假像真，因公私惠，仗势行权，辞辛悍苦，口是心非，明退暗进，何为政邪！为政好名者立异危身，务名者杀身，要名者害身，卖名者败身，彰名者危身。若尽公干事立政，不召名而名自治矣。

为政，功名官爵货利声色，皆谓之私欲，人情也。然知足不贪，知节不淫，不沽名，不吊利，③人若不知，必享天爵，④而子孙亦昌盛也。

修身正家，然后可以治人；居家理，然后可以长官。民之所以生活，衣与食也，事于衣食即有功，不周于衣食即无功。帝王富其民，霸王富其地，危国富其吏。治国若不足，亡国囷仓虚。⑤故曰上无事而民自富，得民力也。

【注释】①倨傲：傲慢自大。②盘游飞放：娱乐游逸。盘，安乐。飞放，放纵，任性。③吊：通"钓"，取也。④天爵：自然的爵位。⑤囷仓：圆形粮仓。

元　徐元瑞《吏学指南》

命下之日，①则扪心自省：有何勋阀行能，②膺兹异数？③苟要其廪禄，假其权威，惟济己私，靡思报国，天监伊迩，将不汝容！夫受人值而怠其工，儋人爵而旷其事，④己则逸矣，如公道何？如百姓何？

普天率土，生人无穷也。然受国宠灵，⑤而为民司牧者，能几何人？既受命以牧斯民矣，而不能守公廉之心，是不自爱也。宁不为世所诮邪？况一身之微，所享能几？厥心溪壑，⑥适以自贼。一或罪及，上孤国恩，⑦中贻亲辱，下使乡邻朋友蒙垢包羞。虽任累千金，不足以偿一夕缧绁之苦。⑧与其戚于已败，曷若严于未然？嗟尔有官，所宜深戒。

【注释】①命：任命官职。②勋阀：特殊的功绩。③异数：非同寻常的优遇。④儋：承担。⑤宠灵：即恩宠。⑥厥心溪壑：其心若填不满的沟壑。喻贪心不止。⑦孤：有负。⑧缧绁：绑犯人的绳索，引申为牢狱。

元　张养浩《牧民忠告》

治官如治家，古人常有是训矣。盖一家之事，无缓急巨细，皆当所知，有所不知，则有所不治也。况牧民之长，百责所丛，①……前辈谓公家之务，一毫不尽其心，即为苟禄，②获罪于天。

居官所以不能清白者，率由家人喜奢好侈使然也。中既不给，其势必当取于人。或营利以侵民，或因讼而纳贿，或名假贷，或托姻属宴馈征逐，通室无禁。以致动相掣肘，威无所施。己虽日昌，民则日瘁；己虽日欢，民则日怨。由是而坐败辱者，盖骈首骊踵也。③呜呼！使为妻妾而为之，则妻妾不能我救也；使为子孙而为之，则子孙不能我救也；使为朋友而为之，则朋友不能我救也。妻妾、子孙、朋友皆不能我救也，曷若廉勤乃职，而自为之为愈也哉？

【注释】①丛：聚集。②苟禄：犹言无功受禄。③骈首骊踵：头并着头，脚接着脚，形容人多。

元　张养浩《牧民忠告》

世俗之情，强者欺弱，富者吞贫，众者暴寡，在官者多凌无势之人。听讼之际，不可不察。

民之有讼，如己有讼；民之流亡，如己流亡；民在缧绁，如己在缧绁；民陷水火，如己陷水火。凡民疾苦，皆如己疾苦也，虽欲因仍可得乎？①

【注释】①因仍：因循袭旧。

元　张养浩《牧民忠告》

古之为政者，身任其劳，而贻百姓以安。今之为政者，身享其安，而贻百姓以劳。己劳则民逸，己逸则民劳，此必然之理也。惮一己之劳，而使阖境之民不靖，①仁人君子，其忍尔乎？昔子路问政，而圣人告以"先之劳之"，"无倦"。呜呼，此真万世为政之格言也欤！

【注释】①阖境：整个地方。靖，安定。

元　张养浩《牧民忠告》

若夫使民不为盗，则又在予勤本以致富，勤斯富，富斯礼仪生，礼义生，虽驱之使窃，亦必不肯为之矣。故《管子》曰："仓廪实而知礼节，衣食足而知荣辱。"谅哉！

元　张养浩《牧民忠告》

为政者不难于始，而难于克终也。初焉则锐，中焉则缓，末焉则废者，人之情也。慎终如始，故君子称焉。

元　张养浩《牧民忠告》

古人以休官致政，①为释重负而脱羁囚。窃尝思之，诚有是理。方其仕也，严出入而慎起居，一颦一笑，②亦不敢以轻假人。盖一身而为众师表，少逾规矩，谤议四闻，譬之特行于高屋之上，自顶至踵，在下者无不见之也。一朝代至，③完身而去，讵止如释重负脱羁囚而已哉！④尝见仕而休居者，往往不喜，或命子侄，或托朋友，市奸构讼，⑤靡政不及。小有所违，则曰："去官同见任。"⑥使新上者，法格令弛。⑦拒纳难容，而挠沮排觚，⑧为状百端。细民无知，亦从而靡。设使己政之初，人以是荐扰，⑨当如何？推心体之，必自知其可恶也。

【注释】①致政：归还政事，辞官。②颦：通"颦"，皱眉。③代：代己之人。④讵：岂。⑤构讼：犹言玩弄奸诈，制造争讼。⑥见：通"现"。⑦格：受阻碍，被阻扼。⑧挠沮排觚：扰乱、阻止、排斥、抵挡。⑨荐：一再、频频。

元　张养浩《牧民忠告》

盖执法之臣，将以纠奸绳恶，以肃中外，以正纲纪。自律不严，何以服众？夫所谓"严"，如处子之居室，①一行一止，一语一默，②必遵礼法，厥德乃全。跬步有违，③则人人得而訾之矣。④苟挟权势，惟殖己私。或巧规子钱，⑤或盗行盐铁，或荒耽曲蘖，⑥或私用亲属，或田猎不时，或宴游无度，或潜托有司之事，或妄兴不急之工，或旷官第而弗居，或纵家人而不检，于斯数者而有一焉，皆足为风宪之累。⑦近年南北富民，多起宅以居势要，因济己私。既有官舍，则不必居于彼矣。夫国家以中台为肃政，以御史为监察，以宪司为廉访者，欲以纠奸贪，戢纷扰，⑧开诚布公，俾所属知所法也。今而若是，牧民之吏，将焉法哉？且他人有犯，轻则吾得而言之，又重吾得闻于上而戮之。己之所犯，其孰得而发哉？⑨恃人不敢发，日甚一日，将如台察何？将如天理何？

【注释】①处子：处女，未婚女子。②默：不语。③跬步：半步。④訾：议论指责。⑤子钱：指利息。⑥曲蘖：指酒。⑦风宪：即风纪。⑧戢：止息。⑨发：揭发。

元　张养浩《风宪忠告》

今为政者，往往以先入之言为主。非彼狙狗一偏，①盖由不通上下之情故也。欲通其情，莫如悉心询访。小而一县一州，大而一郡一国，吏孰贪邪，官孰廉正；何事病众，何政利民；及豪横有无，风俗厚薄，既得其凡，②他日详加综覈，③复验以事，其孰得而隐哉？苟廉矣，即优之礼貌，荐之举之，则善者劝矣。苟贪矣，虽极品之贵，郡蔑之，威拒之，纠劾之，则为恶者惩矣。推而至于待士遇吏，亦莫不然。

【注释】①狙狗：习惯曲从。狗：通"徇"。②凡：大概。③综覈：即综核。

元　张养浩《风宪忠告》

惟善自修者，则能保其荣；不善自修者，适足速其辱。所谓善自修者何？廉以律身，忠以事上，正以处事，恭慎以率百僚。如是则令名随焉，①舆论归焉，鬼神福焉，虽欲辞其荣不可得也。所谓不善自修者何？徇私忘公，贪无纪极，②不戒覆车，靡思报国。如是则恶名随焉，众毁归焉，鬼神祸焉，虽欲避其辱亦不可得也。

【注释】①令名：好的名声。②纪极：限度，终极。

元　张养浩《庙堂忠告》

凡居官者，任之大小虽不同，要皆尽其职而已。昔范文正公居位，①凡日之所为，必求与食相称。或有不及，明日必补之，其心始安。贤人君子于国家尽心如此，朝廷岂有废事，天下安得不治？元之将亡，内外诸官皆安于苟且，不修职事，惟日食肥甘，因循度日，凡生民疾苦，政事得失，略不究心。由是纲纪废弛，民心日离，遂致土崩，此皆近事，可为明鉴。

【注释】①范文正公：即北宋名臣范仲淹。

《明太祖实录》

正以处心，廉以律己，忠以事君，恭以事长，信以接物，宽以待下，敬以处事。此居之"七要"也。

养民生，复民性，禁民非。治天下之"三要"。

明　薛瑄《薛文清公从政录》

朝廷设官，自公卿以至驿递，中外职衔，①不啻百矣。而惟守令，人称曰"父母"。②父母云者，生我养我者也。称我以父母，望其生我养我者也。故地土不均，我为均之，差粮不明，我为明之，……使四境之内，无一事不得其宜，无一民不得其所，深山穷谷之中，无隐弗达，妇人孺子之情，无微不照，是谓知此州，是谓知此县。俾一郡邑，爱戴吾身，如坐慈母之怀，如含慈母之乳，一时不可离，一日不可少，是谓真父母。

【注释】①中外：中央和地方。②父母：古时称地方官员为"父母官"。

明　吕坤《实政录》

居官有五要：休错问一件事，休屈打一个人，休妄费一分财，休轻劳一分力，休苟取一文钱。

明　吕坤《呻吟语》

居官者，须茹蘖饮冰以存心，正大光明以行事，精励敏捷以勤政，甘雨和风以宜民，斯事治而人悦矣。不然，败检不肖者，笑骂贻羞；碌碌无能者，草木同朽。

清　张伯行《困学录集粹》

地方要务，朕既未亲历其境，安能悉知？即有所见，亦不过得知传闻，总赖尔等大臣无欺无隐，据实入告，君臣同心商酌则可耳。至于居心立志应如何处？朕今一一谕示于尔，若能实力遵奉而行，于地方吏治，必大有裨益也。不可惟务虚名而废实事，不可但求洁己而不奉公，不可以因循为安静，不可以生事为振作；毋偏柔善以盗宽仁之誉，毋事姑息以邀属员之感，毋徇友朋之情而欺主，毋受权要之托而诳君。

《大清世宗宪（雍正）皇帝实录》

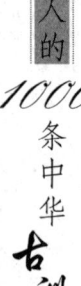

仁政礼治

——警示后人的1000条中华古训

曰若稽古，①帝尧曰放勋，钦明文思安安，②允恭克让，③光被四表，格于上下。④克明俊德，⑤以亲九族。九族既睦，平章百姓，百姓昭明，协和万邦，黎民于变时雍。⑥

【注释】①曰若稽古：古时成语，常作发语词，用于称述前代著名人物言行的开端。②钦明：为政严谨，明察。③允：诚实。④格：至。⑤明：显明，含表彰意。⑥变：意指随尧的教化而变。

先秦　《尚书》

子曰："为政以德，譬如北辰居其所而众星共之。"①

【注释】①北辰：北极星。共：同"拱"。

先秦　《论语》

子曰："道之以政，①齐之以刑，民免而无耻；②道之以德，齐之以礼，有耻且格。"③

【注释】①道：即"导"，引导。②免：免于罪过。③格：意译为"人心归服"。

先秦　《论语》

子曰："上好仁，则下之为仁争先人。故长民者，章志，贞教，①尊仁，以子爱百姓。民致行己以说其上矣。"②

【注释】①贞：即正。②民致行己：意即人民的行为皆尽己心。说，通"悦"。

先秦 《礼记》

凡为天下国家有九经：曰修身也，尊贤也，亲亲也，敬大臣也，体群臣也，①子庶民也，来百工也，②柔远人也，怀诸侯也。修身则道立，尊贤则不惑，亲亲则诸父昆弟不怨，敬大臣则不眩，体群臣则士之报礼重，子庶民则百姓劝，③来百工则财用足，柔远人则四方归之，怀诸侯则天下畏之。

【注释】①体：接纳。②来：招致。③劝：努力。

先秦 《礼记》

先王之所以治天下者五：贵有德，贵贵，贵老，敬长，慈幼。此五者，先王之所以定天下也。贵有德何为也？为其近于道也；贵贵，为其近于君也；贵老，为其近于亲也；敬长，为其近于兄也；慈幼，为其近于子也。

先秦 《礼记》

先王之于民也，懋正其德而厚其性，①阜其财求而利其器用，明利害之乡，以文修之，②使务利而避害，怀德而畏威，故能保世以滋大。

【注释】①懋：勉励。性，情性。②文：此指礼法。

先秦 《国语》

不违农时，谷不可胜食也；数罟不入洿池，①鱼鳖不可胜食也；斧斤以时入山林，材木不可胜用也。谷与鱼鳖不可胜食，材木不可胜用，是使民养生丧死无憾也。养生丧死无憾，王道之始也。

五亩之宅，树之以桑，五十者可以衣帛矣。鸡豚狗彘之畜，②无失其时，七十者可以食肉矣。百亩之田，勿夺其时，八口之家可以无饥矣。谨庠序之教，③申之以孝悌之义，颁白者不负戴于道路矣。④老者衣帛食肉，黎民不饥不寒，然而不王者，未之有也。

【注释】①数罟：细密的渔网。洿：大。②豚：小猪。③庠序：古代的地方学校。④颁白：颁，通"斑"。

先秦　孟轲《孟子》

齐宣王问曰："齐桓、晋文之事可得闻乎？"

孟子对曰："仲尼之徒，无道桓文之事者，是以后世无传焉，臣未之闻也。无以，①则王乎？"

曰："德何如则可以王矣？"

曰："保民而王，莫之能御也。

……故推恩足以保四海，不推恩无以保妻子。古之人所以大过人者，无他焉，善推其所为而已矣。

"今王发政施仁，使天下仕者皆欲立于王之朝，耕者皆欲耕于王之野，商贾皆欲藏于王之市，行旅皆欲出于王之涂，天下之欲疾其君者皆欲赴愬于王。②其若是，孰能御之？"

【注释】①无以：即言不得已。②愬：同"诉"。

先秦　孟轲《孟子》

孟子曰："以善服人者，未有能服人者。以善养人，①然后能服天下。天下不心服而王者，未之有也。"

【注释】①养：教养，教化。

先秦　孟轲《孟子》

孟子曰："不仁而得国者，有之矣；不仁而得天下者，未之有也。"

先秦　孟轲《孟子》

用强者，人之城守，①人之出战，而我以力胜之也，则伤人之民必甚矣。伤人之民甚，则人之比恶我必甚矣。人之民恶我甚，则日欲与我斗。人之城守，人之出战，而我以力胜之，则伤吾民必甚矣。伤吾民甚，则吾民之恶我必甚矣。吾民之恶我甚，则日不欲为我斗。人之民日欲与我斗，吾民日不欲为我斗，是强者之所以反弱也。地来而民去，累多而功少，虽守者益，②所以守者损，③是以大者之所以反削也。诸侯莫不怀交接怨而不忘其敌，伺强大之间，承强大之敝，此强大之殆时也。知强大者不务强也，虑以王命，全其力，凝其德。力全则诸侯不能弱也，德凝则诸侯不能削也。天下无王霸主，则常胜矣。是知强道者也。

【注释】①人：人家，指其他诸侯国。②守者益：指土地。益，增加。③所以守者：此处"守者"指人民。

先秦　荀况《荀子》

在天者莫明于日月，在地者莫明于水火，在物者莫明于珠宝，在人者莫明于礼义。故日月不高，则光晖不赫；①水火不积，则晖润不博；②珠玉不睹乎外，则王公不以为宝；礼义不加于国家，则功名不白。③故人之命在天，国之命在礼。君人者，隆礼尊贤而王，重法爱民而霸，好利多诈而危，权谋倾覆幽险而尽亡矣。

【注释】①晖：同"辉"。②晖润不博：晖，火的光亮。润，水的润泽。晖润不博，谓光泽不多。③白：显著。

先秦　荀况《荀子》

为天下及国，莫如以德，莫如行义。以德以义，不赏而民劝，不罚而邪止，此神农、黄帝之政也。以德以义，则四海之大，江河之水，不能亢矣；①太华之高，②会稽之险，③不能障矣；阖庐之教，④孙、吴之兵，不能当矣。

【注释】①亢：意即当。②太华：即西岳华山。③会稽：山名，在吴郡。④阖庐：即吴王阖闾。

先秦　《吕氏春秋》

司马错①曰："……臣闻之，欲富国者，务广其地；欲强兵者，务富其民；欲王者，务博其德。三资者备，②而王随之矣。"

【注释】①司马错：秦国人。②资：资货。意谓三者于国，如人之有资货。

先秦　《战国策》

五帝三王之治天下，不敢有君民之心，什一而税。①教以爱，使以忠，敬长老，亲亲而尊尊，②不夺民时，使民不过岁三日。民家给人足，无怨望忿怒之患，强弱之难，无谗贼妒疾之人。民修德而美好，被发衔哺而游。不慕富贵，耻恶不犯。父不哭子，兄不哭弟。……囹圄空虚，画衣裳而民不犯。③四夷转译而朝。民情至朴而不文。

【注释】①什一：十分之一。②亲亲尊尊：亲其所当亲者，尊其所当尊者。③画衣裳：传说上古以异常的衣着象征五刑以示惩戒。以有特殊标志的衣冠代替死刑称为画衣冠或画衣裳。

汉　董仲舒《春秋繁露》

传曰：政有三端：父子不亲，则致其爱慈；大臣不和，则敬顺其礼；百姓不安，则力其孝弟。孝弟者，所以安百姓也。力者，勉行之身以化之。天地之数，不能独以寒暑成岁，必有春夏秋冬。圣人之道，不能独以威势成政，必有教化。故曰先之以博爱，教之以仁也。难得者，君子不贵，教以义也。虽天子必有尊也，教以孝也；必有先也，教以弟也。此威势之不足独恃，而教化之功不大乎！

传曰：天生之，地载之，圣人教之。君者，民之心也；民者，君之体也。心之所好，体必安之；君之所好，民必从之。故君民者，贵孝弟而好礼义，重仁廉而轻财利。躬亲职此予上，①而万民听生善于下矣。②故曰先王见教之可以化民也，此之谓也。

【注释】①躬亲职此：亲自以此为职志。②听：听从、接受。

汉　董仲舒《春秋繁露》

故仁义者，治之本也。今不知事修其本，而务治其末，是释其根而灌其枝也。且法之生也，以辅仁义，今重法而弃义，是贵其冠履而忘其头足也。故仁义者，为厚基者也，不益其厚而张其广者毁，不广其基而增其高者覆。

汉　刘安《淮南子》

臣闻王者爱民之道有六，一曰利之，二曰成之，三曰生之，四曰与之，五曰乐之，六曰喜之。使民不失其时，则成之也；省刑罚，则生之也；薄赋敛，则与之也；无多徭役，则乐之也；吏静不苛，则喜之也。伏惟陛下道迈前王，功超往代，敷春风而鼓俗，旌至德以调民。生之养之，正当兹日；悦近来远，亦是今时。

北　齐魏收《魏书》

古之善牧人者，①养之以仁，使之以义，教之以礼，随其所便而处之，因其所欲而与之，从其所好而劝之。如父母之爱子，如兄之爱弟，闻其饥寒为之哀，见其劳苦为之悲，故人敬而悦之，爱而亲之。

【注释】①牧人：指统治、治理人民。

唐　魏征等《隋书》

定祸乱者，武功也；能复制度、兴太平者，文德也。非武功不能以定祸乱，非文德不能以致太平。

唐　李翱《论事疏表》

三皇之为君也，无常心，以天下心为心。五帝之为君也，无常欲，以百姓欲为欲。顺其心以出令，则不严而理；因其欲以设教，则不劳而成。故风号无文而人从，①刑赏不施而人服。三五所以无为而天下化者，由此道也。

【注释】①文：《文苑英华》作"闻"，或是。

唐 白居易《白居易集》

邦国安危，亦如人之身。当四体和平之时，长宣调适，以顺寒暄之节。如恃安自忽，则疾患旋生。

五代 张昭远等《旧唐书》

百姓宜安，刑罚宜省，税敛宜薄，冤抑宜察，追呼宜简，①判决宜审，用度宜节，兴作宜谨，燕会宜戒，②杀思患宜豫防。此十宜治道尽矣。

【注释】①追呼：指胥吏到门号叫催租。②燕：宴饮。

宋 陈锊《善诱文》

百亩之田，不夺其时，而民不饥矣。五亩之宅，树之以桑，而民不寒矣。达孝悌，则老者有归，病者有养矣。正丧纪，则死者得其藏；修祭祀，则鬼神得其飨矣。征伐有节，诛杀有度，而民不横死矣。此温厚而广爱者也，仁之道也。

宋 李觏《直讲李先生文集》

人君之大德有三：曰仁、曰明、曰武。仁者，非妪煦姑息之谓也，①兴教化，修政治，养百姓，利万物，此人君之仁也；明者，非烦苛伺察之谓也，知道义，识安危，别贤愚，辨是非，此人君之明也；武者，非强亢暴戾之谓也，唯道所在，断之不疑，奸不能惑，佞不能移，此人君之武也。故仁而不明，犹有良田而不能耕也；明而不武，犹视苗之秽而不能耘也；②武而不仁，犹知获而不知种也。三者兼备则国治强，缺一焉则衰，缺二焉则危，三者无一焉则亡，自生民以来，未之或改也。

【注释】①妪煦：生养抚育。②秽：田中杂草。耘，除草。

宋 司马光《司马文正公传家集》

得天理之政，极人伦之至者，尧、舜之道也；用其私心，依仁义之偏者，霸者之事也。王道如砥，①本乎人情，出乎礼义，若履大路而行，无复回曲。霸者崎岖反侧于曲径之中，而率不可与入尧、舜之道。故诚心而王则王矣，假之而霸则霸矣，二者其道不同，在审其初而已。

【注释】①砥：平、均。

宋　程颢、程颐《二程集》

帝王治道之要，其大概有五：一曰勤，二曰俭，三曰断，四曰亲君子，五曰奖直言。惟能勤则一日之中亲学问机务之时常多，①亲燕游逸乐之时自少矣；惟能俭则浮费尽省而用自足，国用既足而民可宽矣；惟能断则依违牵制之情皆不得而夺，险诐私谒之事皆不得而至矣；②惟能亲君子则正言日闻，正行日见，而小人自疏，君德自进矣；惟能奖直言则不讳之门开，敢言之风振，下情日通，奸邪日消矣。

【注释】①机务：即言国家机要事务。②诐：偏颇，邪僻。

宋　杨万里《诚斋集》

君不仁而求富，是以有司知重敛而不知恤民。故君行仁政，则有司皆爱其民，而民亦爱之矣。

宋　朱熹《四书集注》

德与政非两事。只是以德为本，则能使民归。若是"所令反其所好"，则民不从。

宋　黎靖德《朱子语类》

行仁政以结民心。三代以仁义化天下；秦、隋以威刑制天下，秦、隋之政，令行禁止，天下之人，畏惧公上而无亲顺爱戴之心，故人情易离，国祚不永也。有国者当仰法三代，兴行仁政。所谓仁政者，其本则爱与公也，爱则民心顺，公则民心服；既顺且服，则上下交孚，①而为治有地矣。其事则制恒产，薄赋敛，厚之而不困；慎刑狱，戢兵戈，②生之而不伤；擢良吏，去贪残，驯之而不害；省营缮，减徭役，节其力而不尽。顺其所欲，去其所恶，则天下之人欢忻逸豫，③尊君亲上，爱戴无已，如赤子之慕慈母，岂有强梗不顺之心哉。古之人所以巩固丕基，建长久之业，而无一旦土崩之患者，用此道也。

【注释】①交孚：志同道合，意气相投。②戢：止息。③忻：通"欣"。

元　王结《文忠集》

上曰：①"治民犹治水者，顺其性治民者顺其情，人情莫不好生恶死，当省刑罚、息干戈以保之；莫不厌贫喜富，当重农时薄赋敛以厚之；莫不好佚恶劳，当简兴作节徭役以安之。若使之不以其时，用之不以其道，但抑之以威，迫之以力，强其所不欲，而求其服从，是犹激水过颡，终非其性也。"

【注释】①上：指明太祖朱元璋。

《明太祖实录》

朝廷之上，人君修德以善其政，不过为养民而已。诚以民之为民也，有血气之躯，不可以无所养；有心知之性，不可以无所养；有血属之亲，不可以无所养；有衣食之资，不可以无所养；有用度之费，不可以无所养。一失其养，则无以为生矣。是以自古圣帝明王，知天为民以立君也，必奉天以养民。凡其所以修德以为政，立政以为治，孜孜焉一以养民为务。诚以一物不修，则民失一物之用，一物失其用，则民所以养生之具，缺其一也。是故修水之政以疏凿，修火之政以钻灼，修金木之政以锻铸刻削，修土谷之政以耕垦播种，使民于日用之间，得以为生养之具。然犹未也，又必设学校，明伦理以正其德；作什器，通货财以利其用；足衣食，备盖藏以厚其生。何者？而非养民之政乎？吁！自古帝王，莫不以养民为先务。秦汉以来，世主知厉民以养己，而不知立政以养民，此其所以治不古若也欤！

明　丘浚《大学衍义补》

为民牧者,以子弟视其民,则民未有不以父母视之者也;以生徒视其民,则民未有不以师长视之者也;以鱼肉视其民,则民未有不以虎狼视之者也。

明　薛应旂《薛方山纪述》

问:不忍人之心,及不忍人之政,意思如何?

答:常怀一点爱民之心,时时刻刻皆此念充满于中,自然事事为百姓算计;有一民不被其泽,便如己溺己饥,安得无不忍人之政?

清　朱之瑜《朱舜水集》

是故明德之君,不侈其尊富强大也。以为我实民之父母,民实我之男女,唯恐其衣食之不足,居处之不安,日夜念之不忘。其大臣必用忠厚之人,其外牧必用慈惠之人,与我同忧,与我同爱。劝农功,课桑麻,厚蓄积,惩奢靡。虽有凶年,民不知菑。①谷不可胜食,财不可胜用,而天下大富矣。衣食足而知廉耻,廉耻生而尚礼义,而治化大行矣。然而明主不自满也。既厚之以生养,又承之以节俭。卑前殿,陋后宫,布衣,蔬食,陶器,素舆,犹歉然不敢自安,恐厉民以自养也。于是富日益富,安日益安。

【注释】①菑:开荒

清　唐甄《潜书》

长民者,不患民之不尊,而患民之不亲。尊由畏法,亲则感恩。欲民之服教,非亲不可。亲民之道,全在体恤民隐。惜民之力,节民之财,遇之以诚,示之以信,不觉官之可畏,而觉官之可感。斯有官民一体之象矣:民有求于官,官无不应;官有劳于民,民自乐承。不然,事急而使之,必有不应者。往往壤地相连,同一公事,而彼能立济,此卒无成,曰民实无良,岂民之无良哉?亲与不亲之分殊也。官事缓急何常,故治以亲民为要。

清　汪辉祖《学治臆说》

任用贤人

皋陶曰："都！①在知人，在安民。"禹曰："吁！咸若时②，惟帝其难之。知人则哲，能官人。安民则惠，黎民怀之。能哲而惠，何忧乎欢兜，何迁乎有苗，何畏乎巧言令色孔壬？"③

皋陶曰："都！亦行有九德。④亦言其人有德，乃言曰，⑤载采采。"禹曰："何？"皋陶曰："宽而栗，柔而立，愿而恭，乱而敬，扰而毅，直而温，简而廉，刚而塞，强而义。⑥彰厥有常吉哉！"

【注释】①都：叹词。②咸：皆。③令色：脸色呈巴结谄媚状。④亦：犹言大凡。⑤乃言：考查言论。⑥这几句意为：宽容豁达而又恭敬谨慎，性情温和而又有主见，行为谦逊而又严肃认真，有治国之才但办事认真，虚心听取意见但又刚毅果断，行为正直而态度温和，从大处着眼又能从小处着手，刚正而不鲁莽，勇敢而又善良。

先秦 《尚书》

一年之计，莫如树谷；十年之计，莫如树木；终身之计，莫如树人。一树一获者，谷也；一树十获者，木也；一树百获者，人也。我苟种之，如神用之，举事如神，唯王之门。

先秦 《管子》

祁奚请老，晋侯问嗣焉。称解狐，其仇也，①将立之而卒。又问焉。对曰："午可也。"②于是羊舌职死矣，③晋侯曰："孰可以代之？"对曰："赤可也。"④于是使祁午为中军尉，羊舌赤佐之。

君子谓祁奚"于是能举善矣。称其仇，不为谄；立其子，不为比；⑤举其偏，不为党。《商书》曰：'无偏无党，王道荡荡'，其祁奚之谓矣。解狐得举，祁午得位，伯华得官，建一官而三物成，能举善也。夫惟善，故能举其类。《诗》云，'惟其有之，是以似之'，⑥祁奚有焉。"

【注释】①其仇：指解狐与祁奚有私仇。②午：祁午，祁奚之子。③羊舌职：祁奚副贰。④赤：羊舌赤，羊舌职之子。字伯华。⑤比：阿党偏私之意。⑥似：通"嗣"。意为正因为用其所长，故其子能嗣续之。

先秦 《左传》

子产之从政也，①择能而使之：冯简子能断大事，子大叔美秀而文，公孙挥能知四国之为，而辨于其大夫之族姓、班位、贵贱、能否，而又善为辞令。裨谌能谋，谋于野则获，谋于邑则否，郑国将有诸侯之事，子产乃问四国之为于子羽，且使多为辞令；与裨谌以适野，使谋可否；而告冯简子使断之。事成，乃授子大叔使行之，以应对宾客，是以鲜有败事。北宫文子所谓有礼也。

【注释】①子产：人名，郑大夫。下文冯简子、子大叔，公孙挥、裨谌等均人名。

先秦 《左传》

子曰："君子不以言举人，不以人废言。"

先秦 《论语》

故古者圣王之为政，列德而尚贤，虽在农与工肆之人，有能则举之，高予之爵，重予之禄，任之以事，断予之令。曰："爵位不高则民弗敬，蓄禄不厚则民不信，政令不断则民不畏。"举三者授之贤者，非为贤赐也，欲其事之成。故当是时，以德就列，以官服事，以劳殿赏，量功而分禄。故官无常贵，而民无终贱，有能则举之，无能则下之。举公义，辟私怨，此若言之谓也。

先秦　墨翟《墨子》

子墨子言曰："今王公大人之君人民，主社稷，治国家，欲修保而勿失，故不察尚贤为政之本也。①何以知尚贤之为政本也？曰：自贵且智者，为政乎愚且贱者，则治；自愚且贱者，为政乎贵且智者，则乱。是以知尚贤之为政本也。故古者圣王甚尊尚贤而任使能，不党父兄，不偏富贵，不嬖颜色，②贤者举而上之，富而贵之，以为官长；不肖者抑而废之，贫而贱之，以为徒役。是以民皆劝其赏，畏其罚，相率而为贤者。以贤者众，而不肖者寡，此谓进贤。然后圣人听其言，迹其行，察其所能，而慎予官，此谓事能。"

【注释】①故：同"胡"，为什么。②嬖：宠爱。

先秦　墨翟《墨子》

王曰①："吾何以识其不才而舍之？"

曰②："国君进贤，如不得已，将使卑逾尊，疏逾戚，可不慎与？左右皆曰贤，未可也；诸大夫皆曰贤，未可也；国人皆曰贤，然后察之，见贤焉，然后用之。左右皆曰不可，勿听；诸大夫皆曰不可，勿听；国人皆曰不可，然后察之；见不可焉，然后去之。左右皆曰可杀，勿听；诸大夫皆曰可杀，勿听；国人皆同可杀，然后察之；见可杀焉，然后杀之。故曰，国人杀之也。如此，然雷可以为民父母。"

【注释】①王：指齐宣王。②曰：此处为孟子的对话。

先秦　孟轲《孟子》

孟子曰："尊贤使能，俊杰在位，①则天下之士皆悦，而愿立于其朝矣。"②

【注释】①俊杰：才德之异于众者。②朝：朝廷。

先秦　孟轲《孟子》

　　君子之所谓贤者，非能遍能人之所能之谓也；君子之所谓知者非能遍知人之所知之谓也；①君子之所谓辩者非能遍辩人之所辩之谓也；②君子之所谓察者非能遍察人之所察之谓也；③有所止矣。④相高下，⑤视境肥，序五种，君子不如农人；通财货，相美恶，辩贵贱，君子不如贾人；设规矩，陈绳墨，便备用，君子不如工人。不恤是非，然不然之情，以相荐撙，⑥以相耻怍，君子不若惠施、邓析。⑦若夫谲德而定次，⑧量能而授官，使贤不肖皆得其位，能不能皆得其官，万物得其宜，事变得其应，慎墨不得进其谈，⑨惠施、邓析不敢窜其察。言必当理，事必当务，然后君子之所长也。

【注释】①知：前一"知"字通"智"。后两"知"字为知道之义。②辩：前一"辩"字同"辨"，指明辨的能力。后两"辩"字为辨别、分析之义。③察：前一"察"字指明察。后两"察"字为识别之义。④有所止：（君子的知识才能）有一定限度。⑤相：察看。⑥撙：压抑、欺负。⑦惠施、邓析：惠施，战国时思想家。邓析，春秋末期思想家。⑧谲：比较、判断。⑨慎：慎到。墨：墨翟，即墨子。

先秦　荀况《荀子》

　　鲁哀问于孔子曰："请问取人？"孔子对曰："无取健，①无取詌，②无取口啍。③健，贪也；詌，乱也；口啍，诞也。④故弓调而后求劲焉，马服而后求良焉，士信悫而后求知能焉。⑤士不信悫而有多知能，譬之其豺狼也，不可以身尒也。⑥语曰：桓公用其贼，文公用其盗。故明主任计不信怒，闇主信怒不任计。计胜怒则强，怒胜计则亡。"

【注释】①健：急于进取的人。②詌：以势压人。③口啍：能说会道的人。④诞：欺诈，狂妄。⑤信悫：讲信用又诚实。⑥尒：同"迩"，近。

先秦　荀况《荀子》

智术之士，必远见而明察，不明察不能烛私；①能法之士，必刚毅而劲直，不劲直不能矫奸。人臣循令而从事，案法而治官，非谓重人也。重人者也，②无令而擅为，亏法以利私，耗国以便家，力能得其君，此所谓重人也。智术之士，明察听用，且烛重人之阴情；能法之士，劲直听用，且矫重人之奸行。故智术之士用，则贵重之臣必在绳之外也。是智法之士，与当涂之人，③不可两存之仇也。

【注释】①烛：洞悉。②重人：权臣。③当涂：涂，通"途"。当仕路，指执掌大权。

先秦　韩非《韩非子》

圣王明君则不然，内举不避亲，外举不避仇。是在焉从而举之，非在焉从而罚之。是以贤良遂进而奸邪并退，故一举而能服诸侯。其在记曰："尧有丹朱，①而舜有商均，②启有五观，③商有太甲；④武王有管、蔡"，⑤五王之所诛者，皆父兄子弟之亲也，而所杀亡其身残破其家者何也？以其害国伤民败法类也。观其所举，或在山林薮泽岩穴之间，或在囹圄緤绁缠索之中，⑥或在割烹刍牧饭牛之事。然明主不羞其卑贱也，以其能、为可以明法，便国利民，从而举之，身安名尊。

【注释】①丹朱：尧子，封于丹。②商均：均，舜子，封于商。③五观：即武观，启子。④太甲：商汤孙。⑤管、蔡：即管叔，蔡叔，武王弟。⑥緤：拴系。

先秦　韩非《韩非子》

贤主所贵莫如士。所以贵士，为其直言也。言直则枉者见矣。人主之患，欲闻枉而恶直言，是障其源而欲其水也，水奚自至？是贱其所欲而贵其所恶也，所欲奚自来？

先秦　《吕氏春秋》

有贤而不知，一不祥；知而不用，二不祥；用而不任，三不祥也。

汉　刘向《说苑》

夫居高者，自处不可以不安。履危者，任杖不可以不固。自处不安则坠，任杖不固则仆。是以圣人居高处上，则以仁义为巢。乘危履倾则以贤圣为杖。故高而不坠，危而不仆者，尧以仁义为巢，舜以禹、稷、契为杖。①故高而益安，动而益固。然处高之安，乘克让之敬，德配天地，光被四表，功垂于无穷，名传于不朽，盖自处得其巢，任杖得其材也。秦以刑罚为巢，故有覆巢破卵之患；以赵高李斯为杖，故有倾仆跌伤之祸。何哉？所任非也。故杖圣者帝，杖贤者王，杖仁者霸，杖义者强，杖谗者灭，杖贼者亡。

【注释】①禹、稷、契：禹，大禹。稷，后稷，相传为舜农官。契，相传为舜臣，商族之祖。

汉　陆贾《新语》

人君莫不知求贤以自助，近贤以自辅。然贤圣或隐于田里而不预国家之事者，乃观听之臣，①不明于下，则闭塞之讥归于君。闭塞之讥归于君，则忠贤之士弃于野。忠贤之士弃于野，则佞臣之党存于朝。佞臣之党存于朝，则下不忠于君。下不忠于君，则上不明于下。上不明于下，是故天下所以倾覆也。

【注释】①观听之臣：即耳目之臣。

汉　陆贾《新语》

气之清者为精，人之清者为贤。治身者以积精为宝，治国者以积贤为道。身以心为本，国以君为主。精积于其本，则血气相承受；贤积于其主，则上下相制使。血气相承受，则形体无所苦；上下相制使，则百官各得其所。形体无所苦，然后身可得而安也；百官各得其所，然后国可得而守也。夫欲致精者必虚静其形，欲致贤者必卑谦其身。形静志虚者，精气之所趣也；①谦尊自卑者，仁贤之所事也。故治身者务执虚静以致精，治国者务尽卑谦以致贤。能致精，则合明而寿，能致贤，则德泽洽而国太平。②

【注释】①趣：同"趋"，趋向，趋附。②洽：周遍，广博。

汉　董仲舒《春秋繁露》

管仲病，桓公问曰：①"群臣谁可相者？"管仲曰："知臣莫如君。"公曰："易牙如何？"对曰："杀子以适君，非人情，不可。"公曰："开方如何？"对曰："倍亲以适君，②非人情，难近。"公曰："竖刁如何？"对曰："自宫以适君，③非人情，难亲。"管仲死，而桓公不用管仲言，卒近用三子，三子专权。

【注释】①桓公：即齐桓公。下文易牙、开方、竖刁均为齐桓公宠臣。管仲死，三人专权。桓公死，立公子无亏，齐遂大乱。②倍：同"背"。③自宫：自施宫刑。

汉　司马迁《史记》

治国者，辅佐之本，其任用咸得大才。大才乃主之股肱羽翮也。①王公大人，则嘉得良师明辅。品庶凡民，则乐畜仁贤哲士，皆国之柱栋，而人之羽翼。

【注释】①股肱羽翮：大腿和胳膊。羽翮，羽茎。股肱、羽翮及下文羽翼均指辅佐之臣。

汉　桓谭《桓子新语》

夫贤者，才能未必高也而心明，智力未必多而举是。①何以观心？必以言。有善心，则有善言。以言而察行，有善言，则有善行矣。言行无非，治家亲戚有伦，治国则尊卑有序。无善心者，白黑不分，善恶同伦，政治错乱，法度失平。故心善，无不善也；心不善，无能善。心善则能辨然否。然否之义定，心善之效明，②虽贫贱困穷，功不成而效不立，犹为贤矣。

【注释】①举是：行为举止正确。②效：呈现。下文"效"为效果、征验义。

汉　王充《论衡》

夫贤者，国家之器用也。所任贤，则趋舍省而功施普，①器用利，则用力少而就效众。

贤人君子，亦圣王之所以易海内也。是以呕喻受之，②开宽裕之路，以延天下英俊也。夫竭知附贤者，必建仁策；索人求士者，必树伯迹。③昔周公躬吐捉之劳，④故有圄空之隆；桓设庭燎之礼，⑤故有匡合之功。⑥由此观之，君人者勤于求贤而逸于得人。

故圣主必待贤臣而弘功业，俊士亦俟明主以显其德。上下俱欲，欢然交欣，千载壹合，论说无疑，翼乎如鸿毛过顺风，沛乎如巨鱼纵大壑。得其意若此，则胡禁不止，曷令不行？化溢四表，横被无穷，遐夷贡献，万祥必溱。⑦是以圣王不偏窥望而视已明，不单顷耳而听已聪；恩从祥凤翱，德与和气游，太平之责塞，优游之望得；遵游自然之势，恬淡无为之场，休征自至，寿考无疆，雍容揸拱，永永万年。何必偃卬诎信若彭祖，⑧呴嘘呼吸如侨松，⑨眇然绝俗离世哉！《诗》云："济济多士，文王以宁，"盖信呼其以宁也！

【注释】①普：普遍，广博。②呕喻：和悦的样子。③伯：通"霸"。④吐捉：吐，吐哺。捉，捉发。周公一饭三吐哺，一沐三捉发，以礼贤士。⑤庭燎：庭中照明的火炬。⑥匡合：九合诸侯，一匡天下，省作匡合。⑦溱：通"臻"，至，到达。⑧偃卬：俯仰，卬通"仰"。诎信，即屈伸，诎通"屈"，信通"伸"。⑨呴嘘：开口出气。侨松，即王侨、赤松子，与彭祖均为传说中的仙人。

汉　班固《汉书》

夫天者国之基也，①君者民之统也，臣者治之材也。工欲善其事，必先利其器。是故将治太平者，必先调阴阳；调阴阳者，必先顺天心；顺天心者，必先安其人，②安其人者，必先审择其人。是故国家存亡之本，治乱之机，在于明选而已矣。

【注释】①此句中"天"当作"民"。②"人"当作"民"，后"安其人"之"人"同。

汉　王符《潜夫论》

惟恤十难以任贤能。①一曰不知，二曰不进，三曰不任，四曰不终，五曰以小怨弃大德，六曰以小过黜大功，七曰以小失掩大美，八曰以讦奸伤忠正，②九曰以邪说乱正度，十曰以谗嫉废贤能，是谓十难。十难不除，则贤臣不用；用臣不贤，则国非其国也。

【注释】①恤：忧虑。②讦：发人阴私。

汉　荀悦《申鉴》

贤者，圣人所与共治天下者也，故先王以举贤为急。举贤之本，莫大正身，而壹其听。身不正，听不壹，则贤者不至，虽至不为之用矣。古之明君，简天下之良材，①举天下之贤人，岂家至而户阅之乎？开至公之路，秉至平之心，执大象而致之，亦云诚而已矣。夫任诚天地可感，而况于人乎？……唯至公然后可以举贤也。……明主任人之道专，致人之道博。任人之道专，故邪不得间；②至人之道博，故天下无所雍。任人之道不专，则谗说起而异心生；致人之道不博，则殊涂塞而良材屈。……今之人或抵掌而言，称古贤多，患世无人，退不自三省，而坐诬一世，岂不甚邪？夫圣人者，不世而出者也。贤能之士，何世无之。……是以知天下之不乏贤也，顾求与不求耳，何忧天下无人乎！

【注释】①简：选择，分别。②间：空隙，嫌隙。意为钻空子。

晋　傅玄《傅子》

《魏书》载，庚申令曰："议者或以军吏虽有功能，德行不足堪任郡国之选，所谓'可与适道，未可与权'。管仲曰，'使贤者食于能则上尊，斗士食于功则卒轻于死，二者设于国则天下治。'未闻无能之人，不斗之士，并受禄赏，而可以立功兴国者也。故明君不官无功之臣，不赏不战之士；治平尚德行，有事赏功能。论者之言，一似管窥虎欤！"

苟得其人，虽仇必举；苟非其人，虽亲不授。

晋　陈寿《三国志》

士君子之处世，贵能有益于物耳，不徒高谈虚论，左琴右书，以费人君禄位也。国之用材，大较不过六事：①一则朝廷之臣，取其鉴达治体，经纶博雅；②二则文史之臣，取其著述宪章，不忘前古；三则军旅之臣，取其断决有谋，强干习事；四则藩屏之臣，③取其明练风俗，清白爱民；五则使命之臣，取其识变从宜，不辱君命；六则兴造之臣，④取其程功节费，开略有术。此则皆勤学守行者所能辨也。人性有长短，岂责具美于六涂哉？但当皆晓指趣，⑤能守一职，便无愧耳。

【注释】①大较：大略之义。②经纶：皆治丝之事。经，理其绪而分之；纶，比其类而合之。③藩屏：藩篱屏蔽。藩屏之臣指地方官员。④兴造：土木建筑之事。⑤指趣：宗旨，意义，同"旨趣"。

北齐　颜之推《颜氏家训》

好贤而不能任，能任而不能信，能信而不能终，能终而不能赏，虽有贤人，终不可用矣。

唐　陈子昂《答制问事》

贞观初，太宗谓侍臣曰："朕今孜孜求士，欲专心政道，闻有好人，则抽擢驱使。①……古人'内举不避亲，外举不避仇'，而为举得其真贤故也。但能举用得才，虽是子弟及有仇嫌，不得不举。"

【注释】①抽擢：提拔，选拔。

唐　吴兢《贞观政要》

世有伯乐，①然后有千里马。千里马常有，而伯乐不常有。故虽有名马，只辱于奴隶人之手，②骈死于槽枥之间，③不以千里称也。马之千里者，一食或尽粟一石，食马者不知其能千里而食也。是马也，虽有千里之能，食不饱，力不足，才美不外见，且欲与常马等不可得，安求其能千里也？策之不以其道,④食之不能尽其材,鸣之不能通其意,执策而临之曰:"天下无马。"呜呼!其真无马邪?其真不知马也!

【注释】①伯乐,传说为天上的掌马星。春秋秦穆公时,孙阳善相马,故以伯乐称之。②奴隶:地位卑下而受役使之人,这里指马夫。③枥:马棚。④策:竹鞭,指驾驭。

唐 韩愈《杂说》

夫官既备而事未举,才既用而政未成者,由官与才不相得也。且官有大小繁简之殊,才有短长能否之异,称其任,则政立;枉其能,则事乖。故先王立庶官而后求人,①使乎各司其局也;②辨众才而后入仕,使乎各尽其能也。如此,则官虽省,才虽半,可得而理矣。若以短任长,以大授小;委其不可而望其可,强其不能而责其能。如此,则官虽能,才虽倍,无益于理矣。

【注释】①庶官:众官,百官。②局:部分。

唐《白居易集》

王者得贤杰而天下治,失贤杰而天下乱。张良、陈平之徒,秦失之亡,汉得之兴。房、杜、魏、褚之徒,隋失之亡,唐得之兴。故曰:得士者昌,失士者亡。

宋 范仲淹《范文正公文集》

取士之道,当以德行为先,其次经术,其次政事,其次艺能。近世以来,专尚文辞。夫文辞者,乃艺能之一端耳,未足以尽天下之士也。国家虽设贤良方正等科,①其实皆取文辞而已。

【注释】①贤良方正:为科举名目之一。

宋 司马光《司马文正公家传集》

学官正宜取德行经术可为师表之人，不当限以苛法。若不察其人之贤愚，而唯年齿出身之问，则虽有德行如颜回，经术如王弼，皆终身不可为学官也。

宋　司马光《司马文正公家传集》

盖夫天下至大器也，非大明法度，不足以维持，非众建贤才，不足以保守。苟无志诚恻怛忧天下之心，①则不能询考贤才，讲求法度。贤才不用，法度不修，偷假岁月，则幸或可以无他，旷日持久，则未尝不终于大乱。

【注释】①志诚恻怛：疑为"至诚"。恻怛，忧伤。

宋　王安石《王文公文集》

天下之治，由得贤也。天下不治，由失贤也。世不乏贤，顾求之之道如何尔。今夫求贤，本为治也。治天下之道，莫非五帝、三王、周公、孔子治天下之道也。求乎明于五帝、三王、周公、孔子治天下之道者，各以其所得大小而用之。有宰相事业者，使为宰相；有卿大夫事业者，使为卿大夫；有为郡之术者，使为刺史；有治县之政者，使为县令。各得其任，则无职不举，然而天下弗治者，未之有也。

宋　程颢、程颐《二程集》

所谓修政，不过任贤使能，信赏必罚。任贤者，非止崇以爵位，苟知其贤，则一切信任而不复致疑。使能者，不必信任，苟有一能，则随其才而俾尽效其力。信赏以劝其功，不以所喜而予之。必罚以治有罪，不以所恶而夺之。抑侥幸，裁冗滥，谨法度，兴廉耻，凡可以害治者，无不去也。正朝廷以正四方，何患夷狄之不治乎？

【注释】①冗滥：指多余、闲散、庸劣之官员。

宋　徐梦莘《三朝北盟会编》

国家之用贤才，必如饥渴之于饮食，诚心好之，求取之急惟恐不至，口腹之获惟恐不尽。及其醉饱之余，嗜好衰息，方复调适众味，和剂八珍，①祈恳而后进，勉强而后餐，其不弃去者寡矣。故上有失士之患，而士有不遇时之悲，至使官职旷阙，治功陵夷，②雅俗隳坏，遗风不接，由其始用之非诚心，善人之类遭厌薄而散漫也。窃以近岁海内方闻之士，③志行端一，才能敏强，可以卓然当国家之用者，宜不为少。而其间虽有已经选用，不究才能，尝予荐闻，未蒙旌擢；④亦有已罹忧患，恐致沉沦，既得外迁，因不复入。以一疑而伤众信，用浮华而伤实能。又况其自安常分，无所扳援，⑤复贻颓年，永绝荣进者乎！每一思之，深切痛悼！

【注释】①八珍：古代八种烹饪法，泛指珍贵食品。②陵夷：衰落。③方闻，即博闻。④旌：表彰。擢：选拔。⑤扳：通"攀"。扳援：援引。

宋　叶适《水心文集》

臣愿陛下虚怀易虑，开心见诚，疑则勿用，用则勿疑。与其位，勿夺其职；任以事，勿间以言。大臣必使之当大责，迩臣必使之与密议。①才不堪此，不以其易制而姑留；才止于此，不以其久次而姑迁。②言必责其实，实必要其成。

【注释】①迩：近。②次：次要职位。姑迁，将就升迁。

宋　陈亮《中兴论》

生民休戚，系于用人之当否。用得其人，则民赖其利，用失其人，则民被其害。自古论治道者，必以用人为先务，用既得人则其所为善政者，始可得而行之。以善人行善政，其于为治者何有。皇帝陛下念及生民，实天下之幸，但朝廷用人，失于太宽，委任之初，不知审择，使善恶邪正，混然无别；既授以政，而居民之上矣，中间固有暴扰侵渔之害，其势然也。今不求其本，直欲改其事一二，以为便民之举，将见一弊才去，一弊复生，后日改行之事，其害民者，未必不甚于前也。徒见纷更，恐终无益。臣等伏愿皇帝陛下，顾考古道，简用实材，重御史按察之权，严纠弹考核之任，使贤者日进，不肖者日退，则天下之民，何患乎不安。

元　许衡《许文正公遗书》

辨人材最为难，盖事有似是而非者：刚直开朗似刻薄，柔媚罢软似忠厚，①廉介有守似褊隘，言讷识明似无能，辨博无实者似有材，迟钝无学者似渊深，攻讦谤讪者似端直，掩恶扬善者似阿比。②一一较之，似是而非，似非而是，人材优劣真伪，每混淆莫之能辨也。惟圣人为能心公识明，衡鉴昭设，君子小人之至前，察言考行，视所以，观所由，察所安，不以言举人，不以人废言，取德以实行，取材以实效，详以理，悉以义，虽万态亿状，眩耀莫之或欺，为人之任亦重矣。

【注释】①罢软：懦弱涣散，拖沓不振作。②阿比：亲附。

元　胡祗遹《紫山大全集》

盖闻人非大圣，鲜有全材。君欲任贤，当如用器，惟能避短而庸长，乃克奏功而济事。

明　刘基《诚意伯刘文成公文集》

自古圣贤之君，不以禄私亲，不以官私爱，惟求贤才以治其民，所以示天下至公也。

《明太祖实录》

（太祖）访得皇后亲族，①欲授以官。后曰："国有官爵，当与贤能之士，妾家亲属未必有可用之才。且闻前世外戚之家，多骄淫奢纵，不守法度，有致覆败者。陛下加恩妾族，厚其赐予，使得保守足矣。若其果贤，自当用之；若庸下非才而官之，必恃宠致败，非妾之所愿也。"上闻后言遂止。

【注释】①皇后：即马皇后，明太祖朱元璋后，以贤明著称于史。

《明太祖实录》

国家所恃以为治者，人才也。今日用人必循资格，而人才需选者，往往老于选调，而不得及时以进用，及用之，大半衰老矣。衰老之人，志气消沮，筋力废弛，其不为身家子孙计者无几。……衰老之人，布满天下，而欲事理民安，难矣。事不理，民不安，乱亡之兆也。

明　丘浚《大学衍义补》

人肯自修，则喜闻过；喜闻过则能来忠直之士；忠直之士进，则小人退；君子进，则国家之治本于此。不自修者，则忌闻过；忌闻过，则心好谄谀；好谄谀，则谗谄而谀之人进，君子退矣，国家之乱本于此。

明　胡居仁《居业录》

守令亲民之官，①最为紧要，使天下守令得人，太平即此而在。……才德兼者，上也；有根本而才气微者，②次也；有才气而根本微者，又其次；然俱不可弃。以才气胜者，用诸理繁治剧；以根本胜者，用诸敦雅镇浮。若夫钧衡宰制之任，必德才兼备之人，而阙其一者，断不可以为也。

【注释】①守令：泛指地方官员。②根本：事物的本源或关键，此指德。

明　高拱《本语》

尊贤之朝，虽有佞人，化为直臣；虽有奸人，化为良臣。何贤才之不尽，何治道之不闻！是故殿陛九仞，非尊也；四泽来朝，非荣也。海唯能下，故川泽之水归之；人君唯能下，故天下之善归之。是乃所以为尊也。

清　唐甄《潜书》

大凡国家用人，才不能皆全，德不能悉备，所贵取其所长，恕其所短。惟贪人断不可用。何者？人一动于贪心，则不复顾名义，论是非，较曲直，止知利吾身耳。……故使贪人主选举，则贿赂至者即为贤才，不至者即为庸劣，而庶僚皆不得其人；使贪人主讼狱，则关说至者讼即胜，①不至者冤即不得伸，而百姓皆不得其平。以至万事，莫不皆然。

【注释】①关说：通关节以进说。

清　崔述《崔东壁遗书》

求人之法，须有操守而无官气，多条理而少大言。……求人之道，须如白圭之治生，①如鹰隼之击物，不得不休；又如蚨之有母雉之有媒，②以类相求，以气相引，庶几得一而可及其余。大抵人才约有两种：一种官气较多，一种乡气较多。官气多者好讲资格，好问样子，办事无惊世骇俗之象，语言无此防彼碍之弊。其失也，奄奄无气，凡遇一事但凭书办，家人之口说出，凭文书写出，不能身到心到口到眼到，尤不能苦下身段去事上体察一番。乡气多者好逞才能，好出新样行事，则知己不知人，语言则顾前不顾后。其失也，一事未成，物议先腾。两者之失厥咎维均，人非大贤，亦断难出此两失之外。吾欲以"劳苦忍辱"四字教人，故且戒官气而姑用乡气之人，必取遇事体察到心到口到眼到身者。

【注释】①白圭：战国魏文侯时人，善经商。②蚨：即青蚨，昆虫名，母子间若有灵气，取其子，母即飞来，不以远近。雉，鸟名。

清　曾国藩《曾文正公全集》

非知人不能善其任，非善任不能谓之知。人非开诚心、布公道不能得人之心。非奖其长、护其短不能尽人之力。非用人之朝气、不用人之暮气不能尽人之才。非令其优劣得所，不能尽人之用，阁下亦于是讲求之而已。十室之邑必有忠信，十步之内必有芳草，今一概吐弃之，恐徒劳而无益耳。

清　左宗棠《左文襄公全集》

创业立家

——警示后人的1000条中华古训

举事慎阴阳之和，种树节四时之适，无早晚之失，寒温之灾，则入多。不以小功妨大务，不以私欲害人事，丈夫尽于耕农，妇人力于织纴，则入多。务于畜养之理，察于土地之宜，六畜遂，五谷殖，则入多。明于权计，审于地形、舟车机械之利，用力少致功大，则入多。利商市关梁之行，能以所有致所无，客商归之，外货留之，俭于财用，节于衣食，宫室器械，周于资用，不事玩好，则入多。入多，皆人为也。若天事，风雨时，寒温适，土地不加大，而有丰年之功，则入多。

先秦　韩非《韩非子》

《周书》曰："农不出则乏其食，工不出则乏其事，商不出则三宝绝，虞不出则财匮少。①财匮少而山泽不辟矣。"此四者，民所衣食之原也。原大则饶，原小则鲜。上则富国，下则富家。贫富之道，莫之夺予，而巧者有余，拙者不足。故太公望封于营丘，②地潟卤，③人民寡，于是太公劝其女功，④极技巧，通鱼盐，则人物归之，襁至而辐凑。⑤

【注释】①虞：古代管理山泽的官。②太公望：即姜尚，俗称姜太公。③潟：盐碱地。④女功：女工的工作。⑤襁至而辐凑：络绎不绝。襁，本指绳索，这里是指至者连接不断，像绳索相连一样。辐凑，本指车辐集中于轴心，此比喻人或物聚集一处。

汉　司马迁《史记》

夫纤啬筋力，①治生之正道也，而富者必用奇胜。田农，掘业，②而秦扬以盖一州。掘冢，好事也，而田叔以起。博戏，恶业也，而桓发用富。行贾，③丈夫贱行也，而雍乐成以饶。贩脂，辱处也，④而雍伯千金。卖浆，小业也，而张氏千万。洒削，⑤薄技也，而郅氏鼎食。⑥胃脯，⑦简微耳，浊氏连骑。马医，浅方，张里击钟。此皆诚一之所致。⑧

【注释】①纤啬：琐屑，悭吝。②掘：通"拙"，愚笨。③贩脂：贩卖油脂。④辱处：下贱的职业。⑤洒削：磨刀业。磨刀时要洒水，使刀磨得更为锋利。⑥鼎食：列鼎而食，指豪奢的生活。⑦胃脯：将羊肠烫热，抹上盐、花椒等，制成的干脯。⑧诚一：专一而不杂。

汉　司马迁《史记》

白圭，周人也。当魏文侯时，李克务尽地力，而白圭乐观时变，故人弃我取，人取我与。夫岁孰取谷，①予之丝漆；茧出，取帛絮，予之食。……欲长钱，取下谷；长石斗，取上种。②能薄饮食，忍嗜欲，节衣服，与用事僮仆同苦乐，趋时若猛兽挚鸟之发。③故曰："吾治生产，犹伊尹、吕尚之谋，孙、吴用兵，商鞅行法是也。是故其智不足与权变，勇不足以决断，仁不能以取予，强不能有所守，虽欲学吾术，终不告之矣。"盖天下言治生祖白圭。白圭其有所试矣，能使有所长，非苟而已也。

【注释】①孰：通"熟"。②欲长钱句：下谷价廉，容易出售，成交数量大，所以说容易长钱。上谷做种子，收获量高，所以能长石斗。③挚：通"鸷"。凶猛。

汉　司马迁《史记》

蜀卓氏之先，赵人也，用铁冶富。秦破赵，迁卓氏。卓氏见虏略，①独夫妻推辇，行诸迁处。诸迁虏少有余财，争与吏，求近处，处葭萌。②唯卓氏曰："此地狭薄。③吾闻汶山之下，沃野，下有蹲鸱，④至死不饥。民工于市，易贾。"乃求远迁。致之临邛，大喜，即铁山鼓铸，⑤运筹策，倾滇蜀之民，⑥富至僮千人。田池射猎之乐，拟于人君。

【注释】①见：被。②葭萌：今四川广元市一带。③狭薄：狭小，不富裕。④蹲鸱：大芋。因其形状像蹲营的鸱鸟，故名。⑤即：靠近。⑥倾：压倒、超过。

汉 司马迁《史记》

宣曲任氏之先，为督道仓吏。秦之败也，豪杰皆争取金玉，丽任氏独窖仓粟。楚汉相距荥阳也，民不得耕种，米石至万，而豪杰金玉尽归任氏，任氏以此起富。富人争奢侈，而任氏折节为俭，①力田畜。田畜，人争取贱贾，任氏独取贵善。富者数世。然任氏家约，非田畜所出弗衣食，公事不毕则身不得饮酒食肉。以此为闾里率，故富而主上重之。

汉 司马迁《史记》

生民之本，要当稼穑而食，桑麻以衣。蔬果之蓄，园场之所产，鸡豚之善，坤圈之所生，①爰及栋宇器械，樵苏脂烛，②莫非种植之物也。至能守其业者，闭门而为生之具以足，但家无盐井耳。今北土风俗，率能躬俭节用，以赡衣食。江南奢侈，多不逮焉。③

【注释】①坤圈：家禽家畜的窝圈。②樵苏：打柴割草。③逮：及。

北齐 颜之推《颜氏家训》

一要耐久。昔东坡曰："人能从容自守，十年之后，何事不成？"今后生汲于谋利者，方务于东，义驰于西，所为欲速则不达，见小利则大事不成，人之以此破家者多矣。故必先定吾规模，规模既定，由是朝夕念此为此，必欲得此，久之，而势我集，利我归矣。故曰：善始每难善继，有初自宜有终。

宋 叶梦得《石林治生家训要略》

治生不同：出作入息，农之治生也；居肆成事，工之治生也；贸迁有无，商之治生也；膏油继晷，①士之治生也。然士为四民之首，尤当砥砺表率，效古人，体天地育万物之志，今一生不能治，何云丈夫哉！

【注释】①膏油继晷：膏油，油脂，这里指灯光。晷，日影。此指夜以继日地勤奋学习。

宋　叶梦得《石林治生家训要略》

人须各务一职业，第一品格是读书，第一本等是务农。外此，为工为商，皆可以治生，可以定志，终身可免于祸患。惟游手放闲，便要走到非僻处所去，自罹于法网，①大是可畏，劝我后人，毋为游手，毋交游手，毋收养游手之徒。

明　姚舜牧《药言》

民家常业，不出农商。通查男妇仆几人，某堪稼穑，某堪商贾。每年工食衣服，某若干，各考其勤能，果否相称。如商贾无厚利，而妄意强为，必至尽亏资本，不如力田，犹为上策。若旷远不能尽耕，方许招人承佃，审己量力，常取决于老农。

明　庞尚鹏《庞氏家训》

凡富家久而衰倾，由无功而食人之食。夫无功食人之食，是谓厉民自养。①凡厉民自养，则有天殃。故久享富佚，则致衰倾，甚则为奴仆、为牛马，是故子侄不可不力农作（今之富家，佃田于人，而坐食租入，久而田业消乏，求为人奴不可得，由其厉民自养故也）。

【注释】①厉民：虐害人民。

明　霍韬《霍渭厓家训》

子弟必使之有业，士农工商四者皆可为；若不为此，则闲民矣。闲民而后无所入，无所入则饿，饿则无所不为。四民之中，执其一业，岁必有所入，有所入而量以为出，可不饿矣。

清　焦循《里堂家训》

儒者以治生为急，岂能皆读书。如一家有数子，以其半读书，其半治生可也。治生者，无读书者助其体面，则生计亦不成；读书者，无治生者资其衣食，岂能枵腹而读哉，①故两者，恒相资，不可相厌。

【注释】①枵腹：空腹。

清　张习孔《家训》

谨慎守业

——警示后人的1000条中华古训

诸位中以最长一人主管家事，及收支租课等事务，愿令已次人主管者听，须众议所同乃可。

宋　赵鼎《家训笔录》

凡邻近利害欲得之产，宜稍增其价，不可恃其有亲有邻，及以典至买，及无人敢买，而扼损其价。万一他人买之，则悔且无及，而争讼由之以兴也。

宋　袁采《袁氏世范》

父祖高年，怠于管干，多将财产均给子孙。若父祖出于公心，初无偏曲，子孙各能戮力，不事游荡，则均给之后，既无争讼，必致兴隆。若父祖缘有过房之子，缘有前母后母之子，缘有子亡而不爱其孙，又有虽是一等子孙，自有憎爱，凡衣食财物所及，必有厚薄，致令子孙力求均给。其父祖又于其中暗有轻重，安得不起他日争端？若父祖缘其子孙内有不肖之人，虑其侵害他房，不得已而均给者，止可逐时均给财谷，不可均给田产。若均给田产，彼以为已分所有，必邀集尊长，立契典卖。典卖既尽，窥觑他房，从而煎取，必至兴讼，使贤子贤孙，被其扰害，同于破荡，不可不思。大抵人之子孙，或十数人，皆能守己，其中有一不肖，则十数均受其害，至于破家者有之。国家法令百端，终不能禁；父祖智谋百端，终不能防。欲保延家祚者，览他家之已往，思我家之未来，可不修德熟虑，以为长久之计耶！

宋　袁采《袁氏世范》

朝廷立法，于分析一事，非不委曲详悉，然有果是窃众营私，却于典卖契中，称系妻财置到，或诡名置产，官中不能尽行根究。又有果是起于贫寒，不因父祖资产，自能奋立，营置财业。或虽有祖众财产，不因于众，别自殖立私财，其同宗之人，必求分析，至于经县经州，经所在官府，累十数年，各至破荡而后已。若富者能反思，果是因众成私，不分与贫者，于心岂无所歉？果是自置财产，分与贫者，明则为高义，幽则为阴德，又岂不胜如连年争讼，妨废家务？及资备裹粮、与嘱托吏胥，贿赂官员之徒费耶？贫者亦宜自思，彼实窃众，亦由辛苦营运，以至增殖，岂可悉分有之？况实彼之私财，而吾欲受之，宁不自愧？苟能知此，则所分虽微，必无争讼之费也。

宋　袁采《袁氏世范》

兄弟同居，甲者富厚，常虑为乙所扰。十数年间，或甲破坏，而乙乃增进，或甲亡而其子不能自立，乙反为甲所扰者有矣。兄弟分析，有幸应分人典卖，而己欲执赎，则将所分田产，丘丘段段平分；或以两旁分与应分人，而己分处中，往往应分人未卖，而己分先卖，反为应分人执邻取赎者多矣。有诸父俱亡，作诸子均分，而无兄弟者分后独昌，多兄弟者分后浸微者。①有多兄弟之人，不愿作诸子均分，而兄弟各自昌盛，胜于独据全分者。有以兄弟累众，而己累独少，力求分析，而分后浸微，反不若累众之人昌盛如故者。有以分析不平，屡经官求再分，而分到财产，随即破坏，反不若被论之人昌盛如故者。世人若知智术不胜天理，必不起争讼之心。

【注释】①浸微：逐渐衰微。

宋　袁采《袁氏世范》

人有田园山地，界至不可不分明。异居分析之初，置产典买之际，尤不可不仔细。人之争讼，多由此始。且如田亩，有因地势不平，分一丘为两丘者；有欲便顺，并两丘为一丘者；有以屋基山地为田，又有以田为屋基园地者；有改移街路水圳者，①官中虽有经界图籍，坏烂不存者多矣。况又从而改易，不经官司邻保验证，岂不大启争端。人之田亩，有在上丘者，若常修田畔，莫令倾倒；人之屋基园地，若及时筑垒垣墙，才损即修；人之山林，若分明挑掘沟堑，②才损即修，有何争讼？惟其卤莽，田畔倾倒，修治失时；屋基园地，止用篱围，年深坏烂，因而侵占。山林或用分水，犹可辩明，间有以木以石以坎为界，年深不存；及以坑为界，而外又有一坑相似者，未尝不启纷纷不决之讼也。至于分析止凭阄书，③典买止凭契书，或有卤莽，记载不明，公私不能决，可不戒哉！间有典买山地，幸其界至有疑，故令元契称说不明，因而包占者，此小人之用心，遇明官司，自正其罪矣。

【注释】①圳：田边水沟。②壍：同"堑"，壕沟。③阄：书纸为团拈取以决定事物。

宋　袁采《袁氏世范》

人户交易，当先凭牙家，索取阄书砧基，①指出丘段围号，就问见佃人，有无界至交加，典卖重叠。次问其所亲，有无应分人出外未回，及在卑幼，未经分析。或系弃产，必问其初，应与不应受弃。或寡妇卑子执凭交易，必问其初，曾与不曾勘会。如系转典卖，则必问其元契。已未投印，有无诸般违碍，方可立契。如有寡妇幼子应押契人，必令人亲见其押字，如价贯年月、四至亩角，必即书填，应债负货物不可用，必支见钱，取钱必有处所，担钱人必有姓名。已成契后，必即投印，虑有交易在后，而投印在前者。已印契后，必即离业，虑有交易在后，而管业在前者。已离业后必即割税，虑因循不割税，而为人告论，以致拘没者。官中条令，惟交易一事，最为详备，盖欲以杜争端也，而人户不悉，乃至违法交易，及不印契、不离业、不割税，以致重叠交易，词讼连年不决者，岂非人户自速其辜哉。

【注释】①砧基：登载田亩基址的图册。

宋　袁采《袁氏世范》

人有兄弟子侄同居，而私财独厚，虑有分析之患者，则买金银之属而深藏之，此为大愚。若以百千金银计之，用以买产，岁收必十千，十余年后，所谓百千者，我已取之；其分与者，皆其息也，况百千又有息焉。用以典质营运，三年而息一倍，则所谓百千者，我已取之；其分与者，皆其息也，况又三年再倍，不知其多少，何为而藏之箧笥，①不假此收息以利众也。余见世人有将私财假于众，使之营家，久而止取其本者。其家富厚均及，兄弟子侄，绵绵不绝，此善处心之报也。亦有窃盗众财，或寄妻家，或寄内外姻亲之家，终为其人用过，不敢取索，及取索而不得者多矣。亦有作妻家姻亲之家置产，为其人所掩者多矣。亦有作妻名置产，身死而妻改嫁，举以自随者亦多矣。凡百君子，幸详鉴此，止须存心。

【注释】①箧笥：藏物之竹器。

宋　袁采《袁氏世范》

内外屋宇，大小修造工役，家长常加点检，委人用功，毋致损坏。

元　郑涛《郑氏家范》

增拓产业，长上必须与掌门户者详其物与价等，然后行之。或掌门户者他出，必俟其归，方可交易。然又预使子弟亲去看视肥瘠，及见在文凭无差，切不可卤莽，以为子孙之害。

元　郑涛《旌义编》

凡置产业，即时书于受产簿中，不许过于次日，仍用招人佃种。其或失时不行，家长朔望点检议罚。

元　郑涛《旌义编》

凡置田产房屋，先须查访来历明白，正契成交，价用足色足数，不可短少分毫。稍讨分毫便宜，后便有不胜之悔矣。"贵买田地，积与子孙"，古人之言，不我欺也。若贪图方圆一节，所损阴德不小，尤宜深戒。

明　姚舜牧《药言》

勤俭持家

——警示后人的1000条中华古训

起家之人，易于增进成立者，盖服食器用及吉凶百费，规模成狭，尚循其旧，故日入之数，多于己出，此所以常有余。富家之子易于倾覆破荡者，盖服食器用及吉凶百费，规模广大，尚循其旧。又分其财产，立数门户，则费用增倍于前日。子弟有能省悟，远谋损节，犹虑不及，况有不悟者，何以支梧？①古人谓由俭入奢易，由奢入俭难，盖谓此尔。大贵人之家，尤难于保成，方其致位通显，虽在闲冷，其俸给亦厚，其馈遗亦多，其使令之人满，前皆州郡廪给，其服食器用，虽极于华侈，而其费不出于家财。逮其身后，无前日之俸给、馈遗、使令之人，其日用百费，非出家财不可。况又析一家为数家，而用度仍旧，岂不至于破荡，此亦势使之然，为子弟者各宜量节。

【注释】①支梧：也作"支吾"，勉强撑持。

宋　袁采《袁氏世范》

凡为家长，必谨守礼法，以御群子弟及家众。分之以职，授之以事，而责其成功。制财用之节，量入以为出，称家之有无，以给上下之衣食及吉凶之费，皆有品节，而莫不均一。裁省冗费，禁止奢华，常须稍有赢余，以备不虞。

宋　司马光《涑水家仪》

富家有富家计，贫家有贫家计，量入为出，则不至乏用矣，用常有余则可以为意外横用之惜矣。今以家之用分而为二，令两子弟分掌之，其日用收支为一，其岁计收支为一，日用以赁钱俸钱当之，每月终自尊长，有余则趱在后月，①不足则取岁计钱足之。岁计以家之薄产所入当之，岁终以自尊长，有余则来岁可以举事（谓如添造屋宇之类），不足则无所与举，可以展向后者，一切勿为以待可为而为之，或有意外横用，亦告于尊长，随宜区处。

【注释】①趱：通"攒"，积聚。

宋　倪思《经鉏堂杂志》

人家用度皆可预计，惟横用不可预计。若婚嫁之事，是闲暇时，予弟自能主张；若乃丧葬，仓卒之际，往往为浮言所动，多至妄用，以此为孝。世俗之见切不徇，则当随家丰俭也。

宋　倪思《经鉏堂杂志》

甲年所收租课，乙年出粜收索，至丙年正月初，据所收之数，十分内桩留一分（约度有余即量增），以备门户缓急。

桩留钱岁终有余，即拨入租课，历正初混同计数，分给桩留。

每正初合分给时，即契勘当年内诸位如有婚嫁，每分各给五百贯足，男女同。

增修人口、展修房户等，应有所费，并于桩留内支破，其余些小修造，诸位自办。

应婚嫁，主家者主之，有故，以次人主之。除资送礼物等，已给钱诸位自行措置外，其筵会及应干费用，并于桩留内支破，主家者与本位子孙协力排办，务要如礼。

非泛支用，除婚嫁资送等已有定数外，如祭祀、忌日、日望等，名色不一，难为预定，仰主家者公共商量，随事裁处，务要一合中，两无妨阙。

宋　赵鼎《家训笔录》

各房用度杂物，公堂总买而均给之，不可私托邻族，越分竞买鲜华之物，以起乖争。

元　郑涛《旌义编》

新旧管皆置日簿，每日计其所入几何，所出几何，总结于后十日一呈监视，果无私滥，则监视书其下日体验无私；若显露，先责监视，次及新旧管。

元　郑涛《旌义编》

子孙以理财为务者，若沈迷酒色，妄肆费用，以致亏陷，家长覈实罪之，与私置私积者同。

元　郑涛《旌义编》

懒记帐籍，亦是一病，奴仆因缘为奸，子孙猜疑成隙，皆繇于此。①

【注释】①繇：通"由"。

明　温以介《温氏母训》

凡租入，预计税粮岁需几何，民壮①岁需几何，水夫岁需几何，均平徭役，十年之需，一年几何，皆预储以备。

【注释】①民壮：旧时被征艰役的壮丁。

明　霍韬《霍渭厓家训》

置岁入簿一扇，凡岁中收受钱谷，挨顺月日，逐项明开，每两月结一总数，终年经费，量入以为出，务存盈余，不许妄用。

明　庞尚鹏《庞氏家训》

每年计合家大小人口若干，总计食谷若干，预备宾客谷若干，每月一次照数支出，各另收贮，务令封固仓口，不许擅开，以防盗窃。其支用谷数，仍要每次开写簿内，候下次支谷之日，查前次有无余剩若干，明日开载查考。

明　庞尚鹏《庞氏家训》

儒者以治生为要，一切不善，多由于贫。至于贫而能坚守不失，非有大学问不能，莫如未穷时，先防其穷，防之道如何？曰勤、曰俭、曰量入以为出。《王制》云："以三十年之通制国用，量入以为出。"唐诗《蟋蟀》首章云"职思其居"，次章云"职思其外"，末章云"职思其忧"，"居"谓日用饮食之常，"外"则冠昏宾祭，"忧"则疾病凶荒，如是筹之，则知所出，又量岁之所入所准之，以此处家，自无匮乏矣。所入不足以食肉，宁食蔬；所入不足以食饭，宁食粥。乾隆丙午七月，值旱荒之后，瓮中米已尽，唯有麦数斗及碎米而已，①算之不能延两月，乃卖麦买山芋煮食，遂得宽裕，不然，则丰月而麦尽，其月余者将饿矣，不甘其饿则有不能自守者矣，故欲自守者，必先筹其不至于饿也。

清　焦循《里堂家训》

《南窗纪谈》记吕文穆父子兄弟相继居显位而家无余财，家人尝诉日用乏绝，其弟正惠公曰："过得三日，则更营三日生计，如是足矣。"此在显贵，足见高节，若儒生而作如是谈则谬矣！藉训蒙之所入，以给一家口食，必通计一岁所入，以为日用之所出，若止顾三日而浪用去之，于是所入不足以供一岁之食，势必借贷，或干与外事。余见史书中每称不计家人生产，此最足误人，圣人治天下，首在于养。孟子曰：无恒产而有恒心者，惟士为能。无恒产假舌耕以为俯仰之资，①不能爱惜此资，何恒心之足云。

【注释】①舌耕：旧时学者授徒，依靠口说谋生，好像农夫耕田得谷，故曰舌耕。俯仰，应付。

清　焦循《里堂家训》

积贮有方
——警示后人的1000条中华古训

古者三年耕、必有一年之食,九年耕、必有三年之食,虽有旱干水溢,民无菜色,岂非节用预备之效欤?冢宰眡年之丰凶以制国用,①量入以为出,祭用数之仂,②而又以"九贡"、"九赋"、"九式"均节之,③取之有制,用之有度,此理财之法有常,而国家之蓄积所以无阙也。国无九年之蓄曰不足,无六年之蓄曰急,无三年之蓄曰国非其国矣。蓄积者,岂非有国之先务耶?

【注释】①眡:古"视"字 ②仂:余数,零数。③九贡、九赋:均为古代征纳贡赋的九种名目。九式为周代关于祭祀、宾客等九个方面的财政支出法式。

元　王祯《农书》

大抵无事而为有事之备,丰岁而为歉岁之忧,是故国有国之蓄积,民有民之蓄积。当粒米狼戾之年,①计一岁一家之用,余多者仓箱之富,余少者儋石之储,②莫不各节其用,以济凶乏。此,固知尧之时有九年之水,汤之时有七年之旱,而国无捐瘠,③所谓蓄积多而备先具者,岂皆藏于国哉?盖必有藏于民者矣。今之为农者,见小近而不虑久远,一年丰稔,沛然自足,侈费妄用,以快一时之适,所收谷粟,耗竭无余,一遇小歉,则举贷出息于兼并之家，秋成倍称而偿之；岁以为常，不能振拔。其间有收刈甫毕、无以餬口者，其能给终岁之用乎？尝闻山西汾晋之俗，居常积谷，俭以足用，虽间有饥歉之岁，庶免夫流离之患也。《传》曰，收敛蓄藏，节用御欲，则天不能使之贫。信斯言也。

【注释】①狼戾：狼藉。②儋石：儋通"甔"。儋容一石，故曰儋石。③捐瘠：饥饿而死。

元　王祯《农书》

租谷上仓，除供岁用及差役外，每年仅存十分之二，固封积贮，以备凶荒。如出陈易新，亦须随宜补处。

每年通计夏秋税粮若干，水夫民壮丁料若干，各该银若干，即于本年二月内照数完纳，或贮有见银，或临期粜谷，切勿迁延，累本甲比征。①如遇编差，②先计用银若干，预算积贮，以备应用。若待急迫而后图之，或称贷于人，则荡覆无日矣。

【注释】①比征：追征赋税。②编差：指顺次当差。

明　庞尚鹏《庞氏家训》

凡年终租入，岁费赢余，别储一库，司货者掌之、会计之，以知家之虚实。

明　霍韬《霍渭厓家训》

水旱饥荒，其至无时，非有积聚，何以备之？《夏箴》曰，小人无兼年之食，遇天饥，妻子非其有也；大夫无兼年之食，遇天饥，臣妾舆马非其有也，国君无兼年之食，遇天饥，百姓非其有也。

清　杨以贞《志远斋史话》

古人尝言三年耕必有一年之积，九年耕必有三年之积，此先事预防之至计，所当讲求于平日者。近见小民蓄积匮乏，一遇水旱，遂致难支，此皆丰稔之年，粒米狼戾，不能储备之故也。国计若是，家计亦然。故凡家有田畴足以赡给者，亦当量入为出，然后用度有准，丰俭得中，安分养福，子孙常守。

清　清世宗述《圣祖仁皇帝庭训格言》

勤劳俭朴

——警示后人的1000条中华古训

历观古今，以约失之者实寡，以奢失之者盖众。

晋　陆云《国起西园第表启》

孔子曰，奢则不孙，①俭则固，与其不孙也，宁固。又云，如有周公之才之美，使骄且吝，其余不足观也已，然则可俭而不可吝也。俭者，省约为礼之谓也；吝者，穷急不恤之谓也，今有施则奢，俭则吝，如能施而不奢，俭而不吝，可矣。

【注释】①孙：同"逊"，谦虚，恭顺。

北齐　颜之推《颜氏家训》

克俭节用，实弘道之源；崇侈恣情，乃败德之本。

唐　吴兢《贞观政要》

桀用天下而不足，汤用七十里而有余；是乃用之盈虚在节与不节耳！

唐　陆贽《均节赋税恤百姓第二条》

俭则常足，常足则乐而得美名，祸咎远矣，侈则常不足，常不足则忧而得訾恶，福亦远矣。

宋　田况《儒林公议》

理财之要，莫先于节费；费不节而欲求财之丰，是犹因风纵火而望山木之丛茂，不可得也。

宋　范浚《节费》

一日一钱，千日一千。绳锯木断，水滴石穿。

口腹之欲，何穷之有？每加节俭，亦是惜福。

贪淫之过，未有不生于奢侈者；俭则不贪不淫，是可以养德也。

宋　罗大经《鹤林玉露》

一要勤，每日起早，凡生理所当为者，须及时为之，如机之发，鹰之搏，顷刻不可迟也。若有因循，今日姑待明日，则废事损业，不觉不知而家道日耗矣。且如芒种不种田，安能望有秋之多获，勤之不得不讲也。

宋　叶梦得《石林治生家训要略》

一要俭，夫俭者，守家第一法也。故凡日用奉养，一以节省为本，不可过多，宁使家有赢余，毋使仓有告匮。且奢侈之人，神气必耗，欲念炽而意气自满，贫穷至而廉耻不顾，俭之不可忽也若是夫。

宋　叶梦得《石林治生家训要略》

人有财物，虑为人所窃，则必缄縢扃鐍，①封识之甚严。虑费用之无度而致耗散，则必算计较量，支用之甚节。然有甚严而有失者，盖百日之严，无一日之疏则无失；百日严而一日不严，则一日之失与百日不严同也。有甚节而终至于匮乏者，盖百事节而无一事之费，则不至于匮乏；百事节而一事不节，则一事之费与百事不节同也。所谓百事者，自饮食衣服、屋宅园馆、舆马仆御、器用玩好，盖非一端。丰俭随其财力，则不滔之费；不量财力而为之，或虽财力可办，而过于侈靡，近于不急，皆妄费也，年少主家事者宜深知之。

【注释】①缄縢扃鐍：缄縢，封存。扃鐍，加在门窗或箱上的锁。

宋　袁采《袁氏世范》

子孙毋得与人眩奇斗胜，两不相下，彼以其奢，我以吾俭，吾何害乎？

元　郑涛《郑氏家范》

俗言三世仕宦，方会著衣吃饭，愚谓三世仕宦，子孙必是奢侈享用之极，衣不肯著浣濯补缀，①必欲鲜华。食不肯食蔬粝菲薄，②必欲精凿，③此所谓著衣吃饭也。殊不知富贵者，贫贱之基；奢侈者，寥落之由；④丰腴者，⑤困苦之自，盖子孙不学而专蒙穷奢极欲，而无德以将之，其衰必矣。

【注释】①浣濯：洗涤。②粝：粗谷。菲薄，微薄。③凿：精米。④寥落：本为稀少、冷落，这里意为衰败。⑤丰腴：丰盛精美。

元　李翀《日闻录》

凡人家居，久则衰颓，由习尚日侈，费用日滋，人竞其私，纵恣口腹，逾礼日甚，得罪天地，积致罪殃，小则败身，大则灭族，不可不畏。凡我兄弟子侄，服食器用，已有定式，只许量议撙节，①不许增添毫发，以长侈风，败我家族。

【注释】①撙节：节制，节约。

明　霍韬《霍渭厓家训》

常将有日思无日，莫待无时思有时。

明　佚名《名贤集》

人须俭约自持，不可恃产浪费，到败坏时干求人，许多不雅，尚有未必得者。即得，亦须勉偿以完信行，否则，不齿于士类矣，尚慎诸。

明　姚舜牧《药言》

治家舍节俭，别无可经营。

家用不给，只是从俭，不可搅乱心绪。

明　吴麟征《家诫要言》

余斋曰：世家子弟戒四恃，绝六恶。四恃者，财足以豪，势足以逞，门第足以矜，小才足以先人。缘兹四恃，遂生六恶，曰奢、曰淫、曰懒、曰傲、曰刚狠、曰浮薄。

余斋曰曰：吾见仕宦而宝不丰者寡矣，吾见丰而不侈者寡矣，显不可常，而习侈难反，故世家之能保者寡矣。

或问：居室之道奚尊？余斋曰：其俭哉！俭以寡营，可以立一身；俭以善施，可以济人。

明　徐祯稷《耻言》

惟谦可以养德，惟俭可以守家，惟寡欲可以多男，惟读书可以达到。

明　郑心材《郑敬中摘语》

今人家子弟，鲜衣怒马，恒舞酣歌，一裘之费，动至数十金；一席之费，动至数金，不思吾乡十余年来谷贱，竭十余石谷，不足供一筵；竭百余石谷，不足供一衣，安知农家作苦，终年霑体涂足，①岂易得此百石？况且水旱不时，一年收获，不能保诸来年。闻陕西岁饥，一石价至六七两。今以如玉如珠之物，而贱价粜之，以供一裘一席之费，岂不深可惧哉！古人有言，惟土物爱厥心臧，故子弟不可不令其目击田家之苦。开仓粜谷时，当令其持筹。以壮夫之力，不过担一石，四五壮夫之所担，仅得价一两，随手花费，了不见其形迹，而已仓庾空竭矣。使稍有知觉，当不忍于浪掷。奈何深居简出，但知饱食蝖衣，②绝不念物力之可惜，而泥沙委之哉。

【注释】①霑体涂足：指体沾湿而足染泥，形容农田劳动的辛苦。②蝖：同"暖"。

清　张英《恒产琐言》

古人云，自食其力，惟力，然后得食，未有坐而得食者。坐而得食，世惟有两样人，贵人之子、富人之子是也。父祖用许多力，得了富贵，而子享之，此享父祖之余力也。若父祖既不富贵，而我不用力而食，其可得乎？故勤为治生之至要也。先正云，勤有三益，曰民生存勤，勤则不匮，是勤可以免饥寒，一益也。农民昼则力作，夜则甘寝，邪心淫念，无从而生，是勤可以远淫僻，二益也。户枢不蠹，流水不腐，周公论三宗，文王必归之无逸，是勤可以致寿考，三益也。

清　高拱京《高氏塾铎》

粒粒丝丝，皆是辛苦，人谁不知，而用度毕竟流于侈者，为门面故也。与士绅交游，便学士绅用度；与素封结姻，便学素封用度，倘不如此，恐被士绅、素封耻笑。①世人为体面二字，荡却家赀者多矣。语云：自奉要俭，待客要丰，今观文节公训家，待客亦是俭，且不怕客怪。温公待客，尝食三簋，盛食五簋，东坡效之。吾曹读其书，独不能法其事乎？况俭有四益，人之贪淫，未有不生于奢侈者，俭则不至于贪，何从而淫，是俭可以养德，一益也。人之福禄，只有此数，暴殄糜费，②必至短促；撙节爱养，自能长久，是俭可以养寿，二益也。醉浓饱鲜，昏人神志，菜羹蔬食，肠胃清虚，是俭可以养神，三益也。奢则妄取苟求，志气卑辱，一从俭约，则于人无求，于己无愧，是俭可以养气，四益也。

【注释】①素封：无官爵封邑而据有资财的富人。②暴殄：任意浪费。

清　高拱京《高氏塾铎》

奢者，富不足；俭者，贫有余。奢者，心常贫；俭者，心常富，此齐邱予之言也。贪饕以招辱，①不若俭而守廉；干请以犯义，②不若俭而养福；放肆以逐欲，不若俭而安性，此季元衡之言也。夫俭，美德也，乃世人好俭，率近于吝。推原其故，非不能俭，实不知俭也。盖啬于己，不啬于人之谓俭，啬于人、不啬于己之谓吝，啬于己并啬于人之谓愚。俭者，君子之行，吝与愚，小人之事，毫厘千里，好俭者不可不察。

【注释】①贪饕：贪得无厌。②干请：有所求而请托于人。

清　杨以贞《志远斋史话》

勤俭为成家之本，男妇各有所司。男子要以治生为急，于农商工贾之间各执一业，精其器具，薄其利心，为长久之计，逐日所用，亦宜节省，量入而出，以适其宜。慎勿侈靡骄奢，博奕饮酒、宴安懒惰，若人心一懒，百骸俱怠，①日就荒淫而万事废矣。妇人凤兴夜寐，②黾勉同心，③执麻枲，④治丝茧，织纴组紃，⑤以供衣食，不事浮华，惟甘雅洁。凡有重务，弟兄姒娣分任其劳，主妇日至厨旁，料理检点，但有僮童撒泼，五谷秽污作践，暴殄天物者，量加惩戒。……

【注释】①百骸：形体、身体。②凤兴夜寐：起早睡晚，言生活勤劳。③黾勉：尽力、努力。④枲：麻的总称。⑤织纴组紃：泛指纺纱织布。纴，织布帛的丝缕。紃，圆形丝带。组，编织。

清 张师载《课子随笔钞》

一日从俭，家道寖昌，①如春树发花，初见蓓蕾，②继以畅茂，一朝烂漫而凋谢随之。始于俭，卒于奢，卒而零落不可继，自然之理也。家居百凡从简，饮食尤不宜若流。亲朋宴洽，不得逾六簋，古人真率会谓有三养：精虚以养胃，节嗜以养福，省费以养财。

【注释】①寖：逐渐。②蔀：院中架木，上覆以席，所覆之席曰蔀。

清 张师载《课子随笔钞》

俭之一字，众妙之门，无求于人，寡求于己，可以养德；淡泊明志，清虚毓神，可以养志；刻苦自励，节用少求，可以养廉；忍不足于前，留有余于后，可以养福。

清 沈峻《灶妪解》

自为赤子时，教固已行矣。……选天下端士，孝悌闲博，有道术者，以辅翼之。使……居处出入，故……乃目见正事，闻正言，行正道；左视右视，前后皆正人。夫习与正人居，不能不正也；犹生长于楚，不能不楚言也。故择其所嗜，必先受业，乃得尝之；择其所乐，必先有习，乃得为之。

汉　戴德《大戴礼记》

自汝行之后；恨恨不乐。何者？我实老矣，所恃汝等尔，皆不在目前，意惶惶也。人之居世，忽去便过。日月可爱也，故禹不爱尺璧而爱寸阴。时过不可还，若老大不呵少也。欲汝早之，①未必读书，并学作人。汝今逾郡县，越山河，离兄弟，去妻子者，欲令见举动之宜，②效高人远节，③闻一得三，志在善人，④左右不可不慎。⑤善否之要，⑥在此际也。行止与人，务在饶之。言思乃出，⑦行详乃动。皆用情实道理，违斯败矣。父欲令子善，唯不能杀身，⑧其余无惜也。

【注释】①早之：指早点到求学的地方。②见举动之宜：观察、学习符合礼节的行为。③效高人远节：效仿道德高尚者的清远节操。④志在善人：立志成为善人。⑤左右不可不慎：指结交朋友必须慎重。⑥善否之要：成为善人或恶人的关键。⑦言思乃出，行详乃动：话要经过认真思考才能说；做事必须在周密准备之后才能进行。⑧杀身：指杀身以成仁。

三国　王修《诫子书》

勿谓小儿无记性，所历事皆能不忘。故善养子者，当其婴孩，鞠之使得所养，令其和气，乃至长而性美，教之示以好恶有常。至如不欲犬之升堂，则时其升堂而扑之，若既扑其升堂，又复食之于堂，则使孰适从？虽曰挞而求其不升堂，不可得也。

宋　张载《经学理窟》

白发无凭吾老矣！青春不再汝知乎？年将弱冠非童子，学不成名岂丈夫？

宋　俞良弼《教子诗》

所谓治其国必先齐其家者：其家不可教，而能教人者，无之。故君子不出家而成教于国孝者，所以事君也；弟者，所以事长也；慈者，所以使众也。……一家仁，一国兴仁；一家让，一国兴让；一人贪戾，一国作乱，……。

宋　朱熹《四书集注》

一曰学礼

凡为人要识道理，识礼教，在家庭事父母，入书院事先生，并要恭敬顺从，遵依教诲，与之言则应，教之事则行，毋得怠慢、自任己意。

二曰学坐

定身端坐，齐脚敛手，毋得伏擎靠背，①偃仰倾侧。

三曰学行

笼袖徐行，毋得掉臂跳足。

四曰学立

拱手正身，毋得跂倚歙斜。

五曰学言

朴实说事，毋得妄诞，低细出声，毋得叫唤。

六曰学揖

低头屈腰，出声收手，毋得轻率慢易。

七曰学诵

专心看字，断句慢读，须要字字分明，毋得目视东西，手弄他物。

八曰学书

臻志把笔，②字要齐整圆净，毋得轻易糊涂。

【注释】①擎：屈足，盘腿坐。②臻志：集中注意力。

宋　真德秀《真西山教子斋规》

大抵富贵之家，教子弟读书，固欲其取科第，及深究圣贤言行之精微。然命有穷达，性有昏明，不可责其必到，尤不可因其不到而使废学。盖子弟知书，自有所谓无用之用者存焉。史传载故事，文集妙词章，与夫阴阳卜筮，方技小说，亦有可喜之谈。篇卷浩博，非岁月可竟，子弟朝夕于其间，自有资益，不暇他务，又必有朋旧业儒者，相与往还谈论，何至饱食终日，无所用心，而与小人为非也？

宋　袁采《袁氏世范》

人有数子，饮食衣服之爱，不可不均一，长幼尊卑之分，不可不严谨，贤否是非之迹，不可不分别。幼而示之以均一，则长无争财之患；幼而教之以严谨，则长无悖慢之患；幼而有所分别，则长无为恶之患。今人之于子，喜者其爱厚，而恶者其爱薄，初不均平，何以保其他日无争？少或犯长，而长或凌少，初不训责，何以保其他日不悖？贤者或见恶，而不肖者或见爱，初不允当，何以保其他日不为恶？

宋　袁采《袁氏世范》

子孙才分有限，无如之何。然不可不使读书，贫则教训童稚，以给衣食，但书种不绝足矣，若能布衣草履，从事农圃，足迹不至城市，弥是佳事。……仕宦不过常，不仕则农，无可憾也，但切不可迫于衣食，为市井小人事耳。戒之戒之！

后生才锐者，最易坏，若有之，父兄当以为忧，不可以为喜也。切须常加简束，令熟读经子，训以宽厚恭谨，勿令与浮薄者游处。如此十许年，志趣自成，不然，其可虑之事，盖非一端。吾此言，后人之药石也，各须谨之，毋贻后悔。

宋　陆游《放翁家训》

爱其子而不教，犹为不爱也；教而不以善，犹为不教也。

明　方孝孺《逊志斋集》

古人言：生子才俊，未必可喜。此是何意？家有才俊之士，是人生第一可喜事，何以反有此言？时时回想此言，则一切矜夸自喜也，意爽然有失。①只此便是得力处，无俟他人策励也。又当知此乃真实伤感之言，非是爱彼愚痴子弟；正向才俊人顶门上下一针，②睡梦中劈面一喝，迫拶他再进一步耳。③

【注释】①爽然有失：指内心无所凭倚的状态。②顶门上下一针：喻指对关键地方下手。③迫拶：逼迫、迫使之意。

明　卓发之《与大儿书》

幼儿曹，听教诲。勤读书，要孝弟。学谦恭，循礼义。节饮食，戒游戏。毋诳言，毋贪利。毋任情，毋斗气。毋责人，但自治。能下人，是有志。能容人，是大器。凡做人，在心地。心地好，是良士。心地恶，是凶类。譬树果，心是蒂。蒂若坏，果必坠。吾教汝，全在是。汝谛听，勿轻弃。

明　庞尚鹏《庞氏家训》

学贵变化气质，岂为猎章句，干利禄哉？如轻浮则矫之以严重，偏急则矫之以宽宏，暴戾则矫之以和厚，迂迟则矫之以敏迅。随其性之所偏，而约之使归于正，乃见学问之功大。以古人为鉴，莫先于读书。

子弟从师问业，本有课程，尤当旦暮间，察其勤惰，验其生熟，使之激昂奋发，有所劝惩，乃不负责成之志。

子弟以儒书为世业，毕力从之。力不能，则必亲农事，劳其身，食其力，乃能立其家，否则束手坐困，独不患冻馁乎？思祖宗之勤苦，知稼穑之艰难，必不甘为人下矣，前代举贤，以孝弟、力田、列制科，使人人业其官，皆习知民隐，岂忍贼民以自封殖哉？

明　庞尚鹏《庞氏家训》

蒙养当豫

闺门之内，古人有胎教，又有能言之教。父兄又有小学之教，大学之教，是以子弟易于成材。今俗教子弟者何如？上者教之作文，取科第功名止矣。功名之上，道德未教也。次者教之杂字柬笺，以便商贾书计。下者教之状词活套，以为他日刁猾之地。是虽教之，实害之矣。族中各父兄，须知子弟之当教，又须知教法之当正，又须知养正之当豫。七岁便入乡塾，学字学书，随其资质，渐长有知识，便择端悫师友，将正经书史，严加训迪，务使变化气质，陶熔德性，他日若做秀才做官，固为良士为廉吏，就是为农为工为商，亦不失为醇谨君子。

明　王士晋《王士晋宗规》

士为四民之首，从师受学，便有上达之路，非谓富贵也，所以人自爱其身，惟有读书，爱其子弟，惟有教之读书。人徒见近代游庠序者，至于饥寒，衣冠之子，多有败行，遂以归咎读书。不知末世之习，攻浮文以资进取，未尝知读圣贤之书，是以失意斯滥，得志斯淫，为里俗所羞称尔，安可因噎而废食乎？试思子猢既不读书，则不知义理，一传再传，蚩蚩蠢蠢①，有亲不知事，有身不知修，有子不知教，愚者安于固陋，慧者习为黠诈，循是以往，虽违禽兽不远，弗耻也。然则诗书之业，可不竭力世守哉？

子弟七八岁，无论敏钝，俱宜就塾读书，使粗知义理。至十五六，然后观其质之所近与其志尚，为农为士，始分其业，则自幼不习游闲，入于非愿，易以为善。虽肄诗书，不可不令知稼穑之事，虽秉耒耜，不可不令知诗书之义。

近世以耕为耻,只缘制科文艺取士,故竞趋浮末,耻非所耻耳。若汉世孝悌力田为科,人即以为荣矣。实论之,耕则无游惰之患,无饥寒之忧,无外慕失足之虞,无骄侈黠诈之习,思无越畔,土物爱,厥心臧,②保世承家之本也。但因而废学,一任蚩顽,则不可耳。

【注释】①蚩蚩蠢蠢:指愚蠢无知。②臧:善,好。

明　张履祥《训子语》

教子工夫,第一在齐家,第二方在择师。若不能齐家,则其子自孩提以来,爱憎颦笑,必有不能一轨于正者矣,虽有良师,化诲亦难。

古人云教孝,愚谓亦当教慈。慈者,所以致孝之本也。愚见人家,尽有中才子弟,却因父母不慈,打入不孝一边,遇顽嚚而成底豫者,古今自大舜后,能有几人?教子须是以身率先,每见人家子弟,父兄未尝著意督率,而规模动定,性情好尚,辄酷肖其父,皆身教为之也,念及此,岂可不知自省?

清　陆陇其《陆桴亭思辨录》

教子弟只是令他读书,他有圣贤几句话在胸中,有时借圣贤言语,照他行事开导之,他便易有省悟处。课子溥等读书,尝至夜分不辍,曰吾非望汝早贵,少年儿宜使苦,苦则志定,将来不失足也。

清　汤斌《汤潜庵语录》

晚间方点灯时,先生为小子说小学数条,汝与从叔父诸群从,同在坐,要义各为提撕。小子传集,不可缺一。将来子弟重伦轻利,不染习尚,庶不坠家风,且成人物。

吾家子弟,最宜常勖以立大规模,具大识见,不可沾沾焉贪目前,安卑近。朱子云:天下事坏于懒与私,最切今之弊。懒则不肯勤励,学殖荒而志气亦坠,私利自至亲间,尚分畛域,①有利心,尚望其有器识,有所建立哉?

【注释】①畛域：界限。

清　蔡世远《蔡梁村示子弟帖》

数年来集族中众子弟，在家庙课业，勤励有加，今秋闱在即，①累累佳篇，吾何能不快然？然文章特一端耳，立心制行，更为要著，愿诸子弟笃伦理之际，严义利之辨，现在居家处世若何，将来居官理民若何。醇此孝恭之念，守其廉洁之操。今日强毅立志，终身守此不移，盟之幽独，质之鬼神，则更获天人之佑助，非独科名可必也。抑余又闻家祚之昌，由于父兄所培积，更愿诸为父兄者，各宏裕其量，洗濯其心，去其斤斤沾沾卑卑之念，……则子弟藉为获福之资，父兄亦享安荣之乐矣。……

【注释】①秋闱：指清朝两朝秋天举行的科举考试。

清　蔡世远《蔡梁村示子弟帖》

为人上者，①教子必自幼严饬之始善。看来有一等王公之子，幼失父母，或人惟有一子而爱恤过甚，其家下仆人多方引诱，百计奉承，若如此娇养，长大成人不至痴呆无知即多性狂恶，此非爱之而反害之也，汝等各宜留心。

【注释】①为人上者：指地位显赫的统治者。

清　玄晔《庭训格言》

子弟不宜避宾客，少年无才能，正当于见客周旋进退处学之。若一味回避，必至如樵夫牧子，毫不知礼，一见芷人，手足无措，大为人所轻鄙也。

何士明曰：功名富贵固自读书中来，然其中有数，非人力所能为，苟人力可为，将尽人皆贵显矣。尝见人家子弟，一读书，就以功名富贵为急，百计营求，无所不至。求之愈急，其品愈污。缘此而辱身破家者多矣。至于身心德业，所当求者反不能求，真可惜也。吾谓读书者，当朝温夕诵，好问勤思，功名富贵，听之天命，惟举孝悌忠信，时时励勉，苟能表帅乡间，教导子侄有礼有恩，上下和睦，即此便足尊贵，何必入仕，然后谓之仕哉？至于不能读书者，安心生理，顾管家事，能邦给束修薪水之资，使读书者，得以专心向学，成就一才德迈众之人，则合族有光，即此便是学问，何必登科及第，然后谓之出人头地也？

清　唐彪《唐翼修人生必读书》

父母教子，当于稍有知识时，见生动之物，即昆虫草木，必敢无伤，以养其仁。尊长亲朋，必教恭敬，以养其礼。然诺不爽，言笑不苟，以养其信。稍有不合，即正言厉色以谕之，不必暴戾鞭扑，以伤其忍。

子弟少年，不当以世事分读书，但令以读书通世务，切勿顺其所欲，须要训之以谦恭。鲜衣美食，当为之禁。淫朋匪友，勿令之亲。则志趋自然朴实近理。其相貌不论好丑，终日读书静坐，便有一种文雅可亲，即一颦一笑，亦觉有致，若恣肆失学，行同市井，列之文墨之地，但觉面目可憎，即自亦觉置身无地矣。

万般皆下品，惟有读书高。世上岂真万般皆下品乎？此不过勉励幼学之言耳，若信以为真，便眼空一世，恐非远大之器所宜，是在贤父兄之教诲也。

清　史典《史搢臣愿体集》

父母同负教育子女责任，今我寄旅京华，①义方之教，责在尔躬。②而妇女心性，偏爱者多，殊不知爱之不以其道，反足以害之焉。其道维何？约言之有四戒四宜：一戒晏起，二戒懒惰，三戒奢华，四戒骄傲。既守四戒，又须规以四宜：一宜勤读，二宜敬师，三宜爱众，四宜慎食。以上八则，为教子之金科玉律，尔宜铭诸肺腑，时时以之教诲三子。虽仅十六字，浑括无穷，尔宜细细领会，后辈之成功立业，尽在其中焉。

【注释】①京华：京都，即清代都城北京。②尔躬：即你亲自的意思。

清　纪昀《寄内子论教子书》

年富力强，却涣散精神，肆应于外，①多事无益妨有益，将岁月虚过，才情浪掷，及其晓得收拾精神，近里着己时，②而年力向衰，途长日暮，已不堪发愤有为矣。回而思之，真可痛器！

汝等虽在少年，日月易逝，斯言常当猛省。

【注释】①肆应于外：头绪纷杂地应付外在的事物。②近里着己：指贴近自己的身心，即将精力集中起来，学习各种知识，加强身心修养，充实和提高自己。

清　毛先舒《写心集》

余五十二岁始得一子，岂有不爱之理！然爱之必以其道，虽嬉戏玩耍，务令忠厚悱恻，毋为刻急也。

平生最不喜笼中养鸟，我图娱悦，彼在囚牢，何情何理而必屈物之性以适吾性乎？……而万物之性人为贵，吾辈竟不能体天之心以为心，万物将何所托命乎？蛇蚖、①蜈蚣、豺狼、虎豹，虫之最毒者也，然天既生之，我何得而杀之？若必欲尽杀，天地又何必生？……

我不在家，儿子便是你管束。要须长其忠厚之情，驱其残忍之性，不得以为犹子而姑纵惜也。家人儿女，总是天地间一般人，当一般爱惜，不可使吾儿凌虐他。……夫读书中举、中进士、作官，此是小事，第一要明理作个好人。

【注释】①蛇蚖：毒蛇。

清　郑燮《郑板桥集》

精神专一，奋苦数十年，神将相之，鬼将告之，人将启之，物将发之。不奋苦而求速效，只落得少日浮夸，老来窘隘而已。

清　郑燮《题画》

天下事有难易乎？为之，则难者亦易矣；不为，则易者亦难矣。人之为学有难易乎？学之，则难之亦易矣；不学，则易者亦难矣。吾资之昏，不逮人也；吾材之庸，不逮人也。旦旦而学之，①永而不怠焉，迄乎成，而亦不知其昏与庸。吾资之聪，倍人也；吾材之敏，倍人也；屏弃不用，其与昏与庸无异也。圣人之道，卒于鲁也传之。②然则昏庸聪敏之用，岂有常哉？

蜀之鄙有二僧,其一贫,其一富。贫者问于富者曰:"吾欲之南海,何如?"富者曰:"子何恃而往?"曰:"吾一瓶一钵足矣。"富者曰:"吾数年来欲买舟而下,犹未能也,子何恃而往?"越明年,贫者自南海还,以告富者,富者有惭色。西蜀之去南海,不知几千里也,僧之富者不能至而贫者至焉。人之立志,顾不如蜀鄙之僧哉!

是故聪与敏,可恃而不可恃也,自恃其聪与敏而不学者,自败也;昏与庸,可限而不可限也,不自限其昏与庸而力学不倦者,自力者也。

【注释】①旦旦:即天天。②圣人之道,卒于鲁也传之:指圣人之道统,最后却由平常被认为愚鲁者传了下来。③南海:浙江的普陀山,为佛教圣地之一。

清 彭端淑《白鹤堂文集》

吾人生于两仪之间,①果何为乎?兄常冥冥以思,而苦未能得解。然人生决不当随俗浮沉,生无益于当时,死无闻于后世,可断言者也。惟然,吾人当求所以自立,勉为众人所不敢为、不能为之事,上以报国、下以振家,庶不负此昂藏七尺之躯。

夫今日最要之图,首在有所养。蒙庄有言②:"水之积也不厚,则其负大舟也无力。"养者,即积之谓也。积之道如何?亦惟勤敏悦学而已。举凡切合于政治,民生之学,穷原竟委,专心研贯。一事毕,更治一事。……

【注释】①两仪:即指天地。②蒙庄:指庄子。

清 胡林翼《胡文忠公书牍》

亲朋中子弟佳者颇少,我不在家,尔等在塾读书,不必应酬交接。外受傅训,入奉母仪,可也。读书用功,最要专一无间断。……屋前街道,屋后菜园,不准擅出行走。如奉母命在外,亦须速出速归,"出必告,反必面,"断不可任意往来。同学之友如果诚实发愤,无妄言妄动,固宜为同类。倘或不然,则同斋割席,①勿与亲昵为要。家中书籍,勿轻易借人,恐有损失……

【注释】①同斋割席：指同处一斋而断绝交往。

清　左宗棠《左文襄公家书》

余前遇曾师，①尝语用功譬若掘井，与其多掘数井而皆不及泉，何若老守一井，力求及泉而用之不竭乎？吾弟之病，病在掘井太多，而皆不及泉。此后勿求博杂，当求专一。况读书之道，只有两件事：一为进德，一为修业。进德以诚正修齐为归宿，修业以谋生自卫为正鹄。②农人竭耕耘之勤，虽岁荒必有所获，商贾尽运辅之谋；虽积滞必有所通。士果能黾勉其所学，何患不食禄于朝，教授于乡哉？但冀丰年，而不知稼穑之苦；但冀居奇，而不知贸迁之理，是与士之尸位素餐而无实学者，③何以异？是以学戒旁骛，学戒虚伪。吾弟知之，务必打起精神，专攻一经，专治一学，随时随地以"艺多不养身"自勉，以曾师"掘井太多"为炯戒，④则事无不成矣！

【注释】①曾师：指曾国藩。②正鹄：此处指正确的目标。③尸位素餐：意为空占着职位而不履行职责，白吃闲饭。④炯戒：指非常明确、显眼的训诫。

清　彭玉麟《彭刚直公书牍》

……汝此去，为求学也。求学宜先刻苦，又不必交友酬应，……求学之时，即若是其奢华无度，到学成问世当何以继？况汝如此浪费，必非饮食之豪，起居之阔，必另有所消耗。一方之所消耗，则于学业一途，必有所弃。否则用功尚不逮，何有多大光阴，供汝浪费？……且汝亦尝读《孟子》乎？大有为者，必先苦其心志，劳其筋骨，饿其体肤，空乏其身，困心衡虑之后，而始能作。吾儿恃有汝父庇荫，固不需此，然亦当稍知稼穑之艰难，尽其求学之本分。非然者，即学成归国，亦必无一事能为，民情不知，世事不晓。……用钱事小，而因之怠弃学业，损耗精力，虚度光阴，则固甚大也。余前曾致函戒汝，须努力用功，言犹在耳，何竟忘之？虽然，成事不说，来者可追。①而今而后，速收汝邪心，努力求学。……亦不得擅宿在外，庶儿开支可省，不必节俭而自节俭；学业不荒，不欲努力而自努力。光阴可贵，求学不易。儿究非十五六之青年，此中甘苦，应自知之，毋负老人训也。

【注释】①成事不说,来者可追:意谓已经过去的事情就不追究了,但未来的事情还可以从现在起就加以特别注意。

清　张之洞《张文襄公家书》

若夫教者，标然若秋云之远，动人心之悲；霭然若夏之静云，乃及人之体；……荡荡若流水，使人思之，人所生往。①

教之始也身必备之，贤不肖者化焉。敬而待之，爱而使之，……贤者少，不肖者多，使其贤，不肖恶得不化？②

【注释】①生往：即神往。②恶：哪里、怎能。

先秦　《管子》

先生施教，弟子是则，温恭自虚，所受是极。见善从之，闻义则服。温柔孝悌，毋骄恃力。志毋虚邪，行必正直。游居有常，必就有德。颜色整齐，中心必式。夙兴夜寐，衣带必饰。朝益暮习，小心翼翼，一此不解，①是谓学则。

【注释】①解：即懈怠。

先秦　《管子》

乐正崇四术、立四教，顺先王诗、书、礼、乐以造士。春秋教以礼乐，冬夏教以诗书。

子曰："其为人也，发愤忘食，乐以忘忧，不知老之将至云尔。"

予以四教：文、行、忠、信。

先秦　《论语》

设为庠序学校以教之。庠者，养也；校者，教也；序者，射也。……学则三代共之，皆所以明人伦也。人伦明于上，小民亲于下。有王者起，必来取法，是为王者师也。《诗》云："周虽旧邦，其命惟新"。

先秦　孟轲《孟子》

孟子曰："……大匠诲人必以规矩，学者亦必以规矩。"

先秦　孟轲《孟子》

孟子曰："君子之所以教者五：有如时雨化之者，有成德者，有达财者，①有答问者，有私淑艾者。②此五者，君子之所以教也。"

【注释】①财：即材。②私淑艾：指不能亲在老师门下就学，依传闻得知识，私下学习老师的东西，以善己身。

先秦　孟轲《孟子》

王太子、王子、群后之大子、卿大夫元士之适子、国之俊选，皆造焉。凡入学以齿。

司徒修六礼以节民性，明七教以兴民德，齐八政以防淫，一道德以同俗，养耆老以致孝，恤孤独以逮不足，上贤以崇德，简不肖以绌恶。……命乡论秀士升之司徒，曰选士。司徒论选士之秀者而升之学，曰俊士。升于司徒者，不征于乡，升于学者，不征于司徒，曰造士。大乐正论造士之秀者，以告于王，而升诸司马，曰进士。司马辨论官材，论进士之贤者以告于王，而定其论。论定然后官之，任官然后爵之，位定然后禄之。

先秦　《礼记》

师氏……以三德教国子："一曰至德，以为道本；二曰敏德，以为行本；三曰孝德，以知逆恶。教三行：一曰孝行，以亲父母；二曰友行，以尊贤良；三曰顺行，以事师长。"……掌国中、失之事，以教国子弟。凡国之贵游子弟学焉。

保氏……而养国子以道。乃教之六艺：一曰五礼，二曰六乐，三曰五射，四曰五御，五曰六书，六曰九数。乃教之六仪；一曰祭祀之容，二曰宾客之容，三曰朝廷之容，四曰丧纪之容，五曰军旅之容，六曰车马之容。

大司徒以乡三物教万民而宾兴之，一曰六德：知、仁、圣、义、中、和。二曰六行：孝、友、睦、姻、任、恤。三曰六艺：礼、乐、射、御、书、数。

乡大夫之职，各掌其乡之政教禁令。正月之吉，受教法于司徒，退而颁之于其乡吏，使各以教其所治；以考其德行，察其道艺。……三年则大比，考其德行道艺，而兴贤者能者。……一州长各掌其州之教治政令之法。……春秋以礼会民，而射予州序。

先秦　《周礼》

达师之教也，使弟子安焉，乐焉，休焉，游焉，肃焉，严要。此六者得于学，则邪辟之道塞矣，理义之术胜矣。此六者不得于学，则君不能令于臣，父不能令于子，师不能令于徒。

不能教者，志气不和，取舍数变，固无恒心，若晏阳喜怒无处，①言谈日易，以恣自行，失之在己，不肯自非，愎过自用，不可证移。②见权势及有富厚者，不论其材，不察其行，驱而教之，③阿而谄之，若恐弗及。弟子居处修洁，身状出伦，闻识疏达，就学敏疾，本业几终者，④则从而抑之，难而悬之，妒而恶之。弟子去则冀终，⑤居则不安，归则愧于父母兄弟，出则愧于知友邑里，此学者之所悲也，此师徒相与异心也，此师徒相与造怨尤也。

……

善教者则不然，视徒如己，反己以教，则得教之情也。所加于人，必可行于己，若此则师徒同体。

【注释】①若晏阴喜怒无处：晏，晴朗。处，常，即如阴晴喜怒无常。②证移：劝说改变。③驱而教之：这里指赶着要去教他。④几终：即近于告成。⑤翼终：本为希望终其学业。一说"翼"当"莫"讲。

秦《吕氏春秋》

夫不素养士而欲求贤，譬犹不琢玉而求文采也。故养士之大者，莫大乎太学，太学者，贤士之所关也，教化之本原也。……臣愿陛下兴太学，置明师，以养天下之士，数考问以尽其材，则英俊宜可得矣。

汉　董仲舒《对贤良策》

古之学者必有师，师者，所以传道受业解惑也。①人非生而知之者，孰能无惑？惑而不从师，其为惑也，终不解矣。生乎吾前，其闻道也，固先乎吾，吾从而师之；生乎吾后，其闻道也，亦先乎吾，吾从而师之。吾师道也，夫庸知其年之先后生于吾乎？②是故无贵无贱，无长无少，道之所存，师之所存也。……圣人无常师，孔子师郯子、苌弘、师襄、老聃。③郯子之徒，其贤不及孔子。孔子曰："三人行，则必有我师。"是故弟子不必不如师，师不必贤于弟子，闻道有先后，术业有专攻，如是而已。

【注释】①传道受业：道，指儒家修身、齐家、治国、平天下之道；受，即"授"，传授；业，指经传、文辞等专门的学习内容。②庸：岂，哪里。③郯子、苌弘、师襄、老聃：郯子，郯国的君主。苌弘，周敬王的大夫。师襄，鲁国的乐官。老聃，即老子。孔子都曾请教过他们。

唐　韩愈《昌黎先生集》

国子先生晨入太学，①招诸生立馆下，诲之曰："业精于勤，荒于嬉；行成于思，毁于随。方今圣贤相逢，治具毕张，②拔去凶邪，登崇俊良。占小善者率一录，名一艺者无不庸。③爬罗剔抉，刮垢磨光。④盖有幸而获选，孰云多而不扬？诸生业患不能精，无患有司之不明；⑤行患不能成，无患有司之不公。"

【注释】①国子先生：即国子监博士，这里是韩愈的自称。②治具：指治理国家的法律政令。③庸：用。④爬罗剔抉，刮垢磨光：爬罗剔抉，指搜集挑选人才；

刮垢磨光，比喻训练、培养、造就人才。⑤有司：主管某事的官吏。

唐　韩愈《昌黎先生集》

　　书不记，熟读可记。义不精，细思可精。惟有志不立，直是无著力处。只如而今，贪利禄而不贪道义，要作贵人而不要作好人，皆是志不立之病。直须反复思量，究其病疼处，勇猛奋跃，不伏作此等人，一跃跃出，见得圣贤所说千言万语，都无一事不是实语，方始立得此志，就此积累工夫，迤逦向上去，大有事在，诸君勉旃，①不是小事。

　　【注释】①勉旃：旃即"之焉"的合音，勉旃即努力吧的意思。

宋　朱熹《朱子沧州精舍谕学者》

　　教人使人，必使先有耻，人须养护其知耻之心，督责之使有所畏，荣耀之使有所慕，皆所以为教也。到无所畏，不知慕时，都行不将去。

元　许衡《许鲁斋语录》

　　时常省问父母，朔望恭谒圣贤；气习各矫偏处，举止整齐严肃；服食宜从俭素，外事毫不可干；行坐必依齿序，痛戒讦短毁长；损友必须拒绝，不可闲谈废时；日讲经书三起，日看纲目数页；通晓时务物理，参读古文诗赋；读书必须过笔，会课按刻蚕完；夜读仍戒晏起，疑误定要力争。

清　王文清《岳麓书院学规》

社会规约
——警示后人的1000条中华古训

今有不才之子，父母怒之弗为改，乡人谯之弗为动，①师长教之弗为变。夫以父母之爱，乡人之行，师长之智，三美加焉而终不动，其胫毛不改；②州部之吏，③操官兵，推公法而求索奸人，然后恐惧，变其节，易其行矣。故父母之爱不足以教子，必待州部之严刑者，民固骄于爱，听于威矣。

【注释】①谯：呵责。②胫毛：本指禽兽小腿上之毛，这里指一点点。③州部：指地方官府。

先秦　韩非《韩非子》

圣人之道，不能独以威势成政，必有教化。故曰先之以博爱，教之以仁也。难得者，君子不贵，教以义也。虽天子必有尊也，教以孝也；必有先也，教以弟也。此威势不足独恃，而教化之功不大乎？

传曰：天生之，地载之，圣人教之。君者，民之心也；民者，君之体也。心之所好，体必安之；君之所好，民必从之。故君民者，贵孝弟而好礼义，重仁廉而轻财利。躬亲职此于上，而万民听生善于下矣。故曰先王见教之可以化民也，此之谓也。

汉　董仲舒《春秋繁露》

在田曰庐，在邑曰里。一里八十户。八家共一巷，中里为校室。选其者老有高德者，名曰父老；其有辩护伉健者为里正。

吏民春夏出田，秋冬入保城郭。田作之时，春，父老及里正，旦开门坐塾上：晏出后时者不得出；暮，不持樵者不得入。五谷毕入，民皆居宅。

十月讫，父老教于校室。八岁者学小学，十五者学大学。其有秀者，移于乡学；乡学之秀者，移于庠；庠之秀者，移于国学，学于小学。诸侯岁贡小学之秀者于天子，学于大学。其有秀者，命曰造士。……士以才能进取，君以考功授官。

汉　何休《春秋公羊经传解诂》

……有学艺者，触地而安。自荒乱以来，诸见俘虏，虽百世小人，知读《论语》《孝经》者，尚为人师，虽千载冠冕，不晓书记者，莫不耕田养马。以此观之，安可不自勉耶？若能常保数百卷书，千载终不为小人也。

……

人见邻里亲戚有佳快者，使子弟慕而学之，不知使学古人，何其蔽也哉！……爰及农商工贾，厮役奴隶，钓鱼屠肉，饭牛牧羊，皆有先达，可为师表，博学而求之，无不利于事也。

北齐　颜之推《颜氏家训》

然则性之上下者，其终不可移乎？曰：上之性就学而愈明，下之性畏威而寡罪，是故上者可教，而下者可制也。

唐　韩愈《昌黎先生集》

抑又闻之：古者重冠礼，将以责成人之道，是圣人所尤用心者也。

唐　柳宗元《柳河东集》

善教者藏其用，民化上而不知所以教之之源。不善教者反此，民知所教之之源，而不诚化上之意。

善教者之为教也，致吾义忠，①而天下之君臣义且忠矣；致吾孝慈，而天下之父子孝且慈矣；致吾恩于兄弟，而天下之兄弟相为恩矣；致吾礼于夫妇，而天下之夫妇相为礼矣。天下之君君臣臣、父父子子、兄兄弟弟、夫夫妇妇，皆吾教也。……

不善教者之为教也，不此之务，而暴为之制，烦为之防，劬劬于法令告戒之间，②藏于府，宪于市，③属民予鄙野，④……乡间之师，族酂之长，⑤疏者时读，密者日告，若是其悉矣。顾不有服教而附于刑者，于是嘉石以惭之，⑥圜土以苦之，甚者弃之于市朝，⑦⑧放之于裔末，⑨卒不可以已也。……

善教者浃于民心，而耳目无闻焉，以道抚民者也。⑩不善教者施于民之耳目，而求浃于心，以道强民者也。……

【注释】①致：指尽力实行。②劬劬：劳苦的样子。③宪：悬挂法令。④属：指集合。⑤族酂：百家聚居之称。⑥嘉石：刻诰戒的碑石。⑦圜土：监狱。⑧弃之于市朝：指杀头。⑨放之于裔末：指流放到边疆地区。⑩抚：安抚、驯化。

宋　王安石《临川先生文集》

童子年五岁诵训蒙歌，不许纵容骄惰。女子年六岁诵《女诫》，不许出闺门，若常啖以果饼恣其欲，娱以戏谑荡其性，长其凶狠，皆从此始，当早禁而预防之。

每月初十、二十五、二日，凡本房尊长卑幼，俱于日入时为会，各述所闻，或善恶之当鉴戒，或勤惰之当劝勉，或义所当为，或事所当已者，彼此据己见，次第言之，各倾耳而听，就事反观，勉加点检，此即德业相劝，过失相规之意。其会轮流主之，先派定日期，某系某日，如遇有事，请以次日代之。主会者只用点茶，不得置酒。若本日有祭祀宾客之会及有他冗，或遇大寒暑，大风雨，则暂免。其无事不赴会，此即自暴自弃之人。会所不必拘，惟便于聚谈为贵。会必薄暮，漏其时多暇也，切不可夜深，久坐恐有不虞。

明　庞尚《庞氏家训》

宗族、亲戚、乡党，有素重名义，及多才识，为人尊信者，须亲就请教，不时问候，如有家事缓急，可倚以相济，且常闻以乐石之言，阴受夹持之益。①若交游非类，济恶朋奸，是自阱其身也，②媚嫉正人，③厌闻正论，直待亡命破家而后悔，已无及矣。

【注释】①夹持：这里是扶植、提携的意思。②自阱其身：这里指自己掉进自己挖的陷阱里。③娟：嫉妒。

明　庞尚鹏《庞氏家训》

孝顺父母，尊敬长上，和睦乡里，教训子孙，各安生理，毋作非为，这六句包尽做人的道理。凡为忠臣，为孝子，为顺孙，为圣世良民，皆由此出。无论圣愚，皆晓得此文义，只是不肯著实遵行，故自陷于过恶，祖宗在上，岂忍使子孙辈如此。今于宗祠内，仿乡约仪节，每朔日，族长督率子弟，齐赴听讲，各宜恭敬体认，共成美俗。

明　王士晋《王士晋宗规》

古人设社学法最好，欲教童子歌诗习礼，发其志意，肃其威仪。盖恐蒙师惟督句读，则学者苦于简束，而无鼓舞入道之乐也。然歌诗近于鼓舞，习礼便有简束的意在。古人十三学乐诵诗，二十而冠始学礼，盖人当少年时，虽有童心，然父兄在前，终有畏惮，故法不妨与之以宽。宽者，所以诱其入道也。年力既壮，则智计渐生，此时纯用诱掖，则将有放荡不制之患，故法又当与之以严。严者，所以禁其或放也。二者因其年力，各有妙用，故古时成就人多。今之社学，止以句读简束童子，固失鼓舞之意矣。若误认古人纯用鼓舞，又岂成就之法乎？立教者当知所以善其施矣。

清　陆世仪《陆桴亭论小学》

乡里则凡三十五家皆置一学，愿读书者尽得预焉。又谓之社学，盖即党庠、术序之遗也。……守令于其同方之先辈，择一有学行者以教之，在子弟称为师训，在官府称为秀才。其教之也，以《百家姓》《千字文》为首，继以经史历算之属，守令亦稽其所统弟子之数，时其勤惰而报之行省，三年大比，行省拔其秀才之尤者贡之朝。

清　全祖望《鲒奇亭集外编》

夷方风俗，①化导不易。今将各处义学官田清出，作为束修，于各乡设立义学。即令本地生童，训诲读书。虽不能通文，而语言服饰，渐可变易。又刊发朱子《治家格言》万余本，分发各学；并刊《家礼》《四礼翼》等书。总之，不知者以为迂，而知者以此为根本工夫。我之本意，总望化得一人是一人耳。

【注释】①夷方：指少数民族地区。

清　陈弘谋《培远堂手札节要》

后生家每临事，辄曰："吾不会做。"此大谬也！凡事做则会，不做安能会耶？又，做一事，辄曰："且待明日。"此亦大谬也！凡事要做则做，若一味因循，大误终身。家鹤滩先生确《明日歌》最妙，①附记于此：

明日复明日，明日何其多！

我生待明日，万事成蹉跎。

世人若被明日累，春去秋来老将至。

朝看水东流，暮看日西坠。

百年明日能几何？请君听我《明日歌》。

【注释】①家鹤滩先生：即钱泳本宗钱鹤滩。

清　钱泳《履园丛话》

读书治学

——警示后人的1000条中华古训

君子学以聚之,问以辩之。

先秦 《易经》

子曰"学而时习之,不亦说乎?"

子夏曰:"贤贤,易色;①事父母,能竭其力;事君,能致其身;与朋友交,言而有信。虽曰未学,吾必谓之学矣。"

子曰:"君子食无求饱,居无求安,敏于事而慎于言,就有道而正焉,②可谓好学也已。"

【注释】①易:轻视,怠慢。色:容貌,这里指女色。②就:接近。正:改正。

先秦 《论语》

子曰:"吾十有五而志于学,三十而立,四十而不惑,五十而知天命,六十而耳顺,①七十而从心所欲,不逾矩。"

子曰:"温故而知新,可以为师矣。"

子曰:"君子不器。"②

子曰:"学而不思则罔,思而不学则殆。"

子曰:"由!③诲女,知之乎?知之为知之,不知为不知,是知也。"④

子张问："十世可知也？"子曰："殷因于夏礼，所损益可知也；周因于殷礼，所损益可知也；其或继周者，虽百世，可知也。"

【注释】①耳顺：指耳朵一听到别人说话，立即能分辨其是非、真假。②器：器皿。器皿只为某种需要而制作，这里比喻人的有限的才能。③由：孔子的学生仲由，字子路。④是：这。知：同"智"。

先秦　《论语》

子曰："《关雎》乐而不淫，哀而不伤。"

先秦　《论语》

子曰："朝闻道，夕死可矣。"

子曰："士志于道，而耻恶衣恶食者，未足与议也。"

子曰："君子喻于义，小人喻于利。"

先秦　《论语·里仁》

子贡问曰："孔文子何以谓之'文'也？"①子曰："敏而好学，不耻下问，是以谓之'文'也。"

【注释】①孔文子：孔圉，卫国的大夫。

先秦　《论语》

哀公问："弟子孰为好学？"孔子对曰："有颜回者好学，不迁怒，不贰过。①不幸短命死矣。今也则亡，未闻好学者也。"

子曰："贤哉，回也！一箪食，一瓢饮，在陋巷，人不堪其忧，回也不改其乐。贤哉，回也！"

子曰："质胜文则野，文胜质则史。文质彬彬，然后君子。"

子曰："知之者不如好之者，好之者不如乐之者。"

子曰："君子博学于文，约之以礼，亦可以弗畔矣夫！"②

【注释】 ①贰：重复一次。②畔：同"叛"。

先秦 《论语》

子曰："述而不作，信而好古，窃比于我老彭。"①
子曰："默而识之，学而不厌，诲人不倦，何有于我哉？"
子曰："志于道，据于德，依于仁，游于艺。"②
子曰："不愤不启，③不悱不发。④举一隅不以三隅反，则不复也。"
子曰："加我数年，五十以学《易》，可以无大过矣。"
子曰："我非生而知之者，好古，敏以求之者也。"
子曰："三人行，必有我师焉。择其善者而从之，其不善者而改之。"
子以四教：文，行，忠，信。

【注释】①老彭：人名，指殷朝的一位贤大夫。②艺：指六艺，即礼、乐、射、御、书、数。③愤：心里苦苦思索而尚未想通的样子。④悱：口里想说而不能明确地说出的样子。

先秦 《论语》

曾子曰："以能问于不能，以多问于寡；有若无，实若虚；犯而不校。①。昔者吾友尝从事于斯矣。"
子曰："三年学，不至于谷，②不易得也。"
子曰："学如不及，犹恐失之。"

【注释】①校：计较，较量。②至：同"志"，想到。谷：小米，这里指做官得俸禄。

先秦 《论语》

曾子曰："君子以文会友，以友辅仁。"

先秦 《论语》

子曰："吾尝终日不食，终夜不寝，以思，无益，不如学也。"

子曰:"有教无类。"

子曰:"辞达而已矣。"

先秦 《论语》

孔子曰:"生而知之者,上也;学而知之者,次也;困而学之,又其次也;困而不学,民斯为下矣。"

先秦 《论语》

子曰:"由也,女闻六言六蔽矣乎?"①对曰:"未也。""居!②吾语女。好仁不好学,其蔽也愚;好知不好学,其蔽也荡;好信不好学,其蔽也贼;③好直不好学,其蔽也绞;④好勇不好学,其蔽也乱;好刚不好学,其蔽也狂。"

子曰:"小子何莫学夫《诗》,诗,可以兴⑤,可以观,⑥可以怨;迩之事父,远之事君,多识于鸟兽草木之名。"

【注释】①六言:六个字,指仁、智、信、直、勇、刚。这是六种品德。②居:坐。③贼:受害。④绞:尖刻刺人。⑤兴:比兴,联想。⑥观:观察。

先秦 《论语》

子夏曰:"日知其所亡,①月无忘其所能,可谓好学也已矣。"

子夏曰:"博学而笃志,切问而近思,仁在其中矣。"

子夏曰:"仕而优则学,学而优则仕。"

【注释】①亡:同"无",指未知的新知识。

先秦 《论语》

古之学者,得一善言,附于其身。今之学者,得一善言,务以说人,言过而行不及。

先秦 墨翟《墨子》

予深其深，浅其浅，益其益，①尊其尊。②

【注释】①益：增益。②尊：当读为"撙"，节制，节省。

先秦　墨翟《墨子》

孟子曰："君子深造之以道，欲其自得之也。自得之则居之安，居之安则资之深，资之深则取之左右逢其源。故君子欲其自得之也。"

先秦　孟轲《孟子》

今夫奕之为数，小数也，不专心致志，则不得也。奕秋，通国之善奕者也。使奕秋诲二人奕：其一人专心致志，惟奕秋之为听；一人虽听之，一心以为有鸿鹄将至，思援弓缴而射之，虽与之俱学，弗若之矣。为是其智弗若与？曰：非然也。

虽有天下易生之物也，一日暴之，十日寒之，未有能生者也。

先秦　孟轲《孟子》

人何以知道？曰：心。心何以知？曰：虚壹而静。①心未尝不藏也，然而有所谓虚；②心未尝不两也，然而有所谓一，③心未尝不动也，然而有所谓静。人生而有知，知而有志，志也者，藏也；④然而有所谓虚，不以所已藏害所将受，谓之虚。心生而有知，知而有异，异也者，同时兼知之；同时兼知之，两也；然而有所谓一，不以夫一害此一，谓之壹。⑤心，卧则梦，偷则自行，使之则谋。⑥故心未尝不动也，然而有所谓静，不以梦剧乱知，谓之静。未得道而求道者，谓之虚壹而静，作之则。⑦将须道者，虚则入；⑧将事道者，壹则尽，⑨将思道者，静则察。⑩知道察，知道行，体道者也。虚壹而静，谓之大清明。

【注释】①虚：虚心，不以已有的知识妨碍再接受别的知识，即不是先入为主。壹：专心一志。静：平静。②藏：贮藏，指记忆。③两：同时认识不同的事物。④知：认识能力。志：记忆。⑤不以夫一害此一：不因对那一种事物的认识而妨碍对这一种事物的认识。⑥偷：松懈，思想不集中。偷则自行：思想不集中就会胡思乱想。谋：思考。⑦作之则：作为准则。⑧须：求。虚则入：能虚就可以接受道。⑨事：从事，学习。壹则尽：能专心一志就可以全面认识道。⑩思：思考、研究。静则察：能静就可以明察道。，这句意思是：认识道又理解得十分清楚，认识道又能照着去做，这才是体会了道的人。

先秦　荀况《荀子》

或生而知之，或学而知之，或困而知之，及其知之一也。或安而行之，或利而行之，或勉强而行之，及其成功一也。

子曰：好学近乎知，力行近乎仁，知耻近乎勇。

有弗学，学之弗能弗措也。①

有弗问，问之弗知弗措也。有弗思，思之弗得弗措也。有弗辨，辨之弗明弗措也。有弗行，行之弗笃弗措也。人一能之己百之，人十能之己千之。果能此道矣，虽愚必明，虽柔必强。

【注释】①措：置，停顿、废休的意义。此句意为：不学则已，学则不达目的决不停止。

先秦　《礼记》

且天生人也，而使其耳可以闻，不学，其闻不若聋；使其目可以见，不学，其见不若盲；使其口可以言，不学，其言不若爽；使其心可以知，不学，其知不若狂。故凡学非能益也，达天性也，能全天之所生，而勿败之，是谓善学。

先秦　《吕氏春秋》

少而好学，如日出之阳；壮而好学，如日中之光；老而好学，如炳烛之明。

汉　刘向《说苑》

非学无以治身，非礼无以辅德。和氏之璞，天下之美宝也，待鉴识之工而后明。①毛嫱，天下之姣人也，待香泽脂粉而后容。②周公，天下之至圣人也，待贤师学问而后通。今齐世庸世之人，不好学问，专以己之愚，而负荷巨任，若无楫舳，济江海而遭大风，漂没于百仞之渊，东流无崖之川，安得沮而止乎？③

【注释】①和氏之璞：楚人卞和得璞玉于楚山中，献给厉王，厉王以为是石头，不识其宝，并刖断献玉者之左足。②毛嫱：古美女名。③舳：船尾。楫舳：代指船。沮：阻止。

汉　桓宽《盐铁论》

故夫能说一经者为儒生；博览古今者为通人；采掇传书以上奏记者为文人；能精思著文连结篇章者为鸿儒。故儒生过俗人，通人胜儒生，文人逾通人，鸿儒超文人。故夫鸿儒，所谓超而又超者也。

汉　王充《论衡》

以今论之，故夫可知之事者，思虑所能见也；不可知之事，不学不问能知也。不学自知，不问自晓，古今行事未之有也。夫可知之事，推精思之，虽大无难；不可知之事，厉心学问，虽小无异。故智能之士，不学不成，不问不知。

汉　王充《论衡》

志者，学之师也；才者，学之徒也。学者不患才之不赡，而患志之不立。是以为之者亿兆，而成之者无几，故君子必立其志。

三国·魏　徐幹《中论》

用其言，弃其身，古人所耻。凡有一言一行取于人者，皆显称之，不可窃人之美，以为己力。虽轻虽贱者，必归功焉。窃人之财，刑辟之所处；窃人之美，鬼神之所责。

北齐　颜之推《颜氏家训》

容体不足观，勇力不足恃，族姓不足道，先祖不足称。然而显闻四方，流声后胤者，其唯学乎？

唐　魏徵《隋书》

生乎吾前，其闻道也固先乎吾，吾从而师之；生乎吾后，其闻道也亦先乎吾，吾从而师之。吾师道也，夫庸知其年之先后生于吾乎？

唐　韩愈《师说》

富贵必从勤苦得，男儿须读五车书。

唐　杜甫《柏学士茅屋》

玉之为物，有不变之常德，虽不琢以为器，而犹不害为玉也；人生性，因物则迁，不学，则舍君子而为小人。

宋　欧阳修《海学说》

不尊德性，则学问从而不道；不致广大，则精微无所立其诚；不极高明，则择乎中庸失时措之宜矣。

闻而不疑则传言之，见而不殆则学行之，中人之德也。闻斯行，好学之徒也；见而识其善而未果于行，愈于不知者尔。"世有不知而作者"，盖凿也，妄也，夫子所不敢也，故曰"我无是也"。

学者四失：为人则失多，好高则失寡，不察则易，苦难则止。

宋　张载《正蒙》

人不知学，其任智自以为人莫及，以理观之，其用智乃痴耳。

以有限之心，止可求有限之事；欲以致博大之事，则当以博大求之，知周乎万物而道济天下也。

人若志趣不远，心不在焉，虽学无成。人惰于进道，无自得达，自非成德君子必勉勉，至从心所欲不逾矩，方可放下，德薄者，终学不成也。

学贵心悟，守旧无功。

观书必总其言而求作者之意。

读书少则无由考校得义精。盖书以维持此心，一时放下，则一时德性有懈。读书则此心常在。不读书则终看义理不见。书须成诵。精思，多在夜中或静坐得之。不记则思不起，但通贯得大原后，书亦易记。所以观书者，释己之疑，明己之未达。每见每知所益，刚学进矣。于不疑处有疑，方是进矣。

观书且不宜急迫了，意思则都不见，须是大体上求之。

宋　张载《经学理窟》

书富如入海，百货皆有。人之精力不能兼收尽取，但得其所欲求者尔。

北宋　苏轼《又答王庠书》

百工制器，必贵于有用；器而不可用，工不为也。学而无所用，学将何为也。

宋　杨时《二程粹言》

古者初年入小学，只是教之以事，如礼乐射御书数及孝弟忠信之事。自十六七入大学，然后教之以理，如致知、格物及所以为忠信孝弟者。

宋　黎靖德《朱子语类》

学者读书，须要敛身正坐，缓视微吟，虚心涵泳，切己省察。

看前人文字，未得其意，便容易立说，殊害事。盖既不得正理，又枉费心力。不若虚心静看，即涵养、究索之功，一举而两得之也。

宋　黎靖德《朱子语类》

学非一日之积也，道岂一世而成哉。理，无形也，因润泽浃洽而后著，此兑之所以贵讲习也。[1]其始若可越，其久乃不可测，其大至于无能名，皆由悦来也。[2]

【注释】①兑：《易经》中的卦名之一。②悦：《兑卦》：彖曰："兑，说也。"说，即悦。

　　　　　　　　　　　　　　　　　　宋　叶适《水心文集》

　　读书不知接统绪，虽多无益也。为文不能关教事，虽工无益也。笃行而不合于大义，虽高无益也。立志不存于忧世，虽仁无益也。

　　　　　　　　　　　　　　　　　　宋　叶适《水心文集》

　　孔子未尝以辞明道，内之所安则为仁，外之所明则为学，学则亦经也。

　　　　　　　　　　　　　　　　　　宋　叶适《习学记言》

　　我辈致知，只是各随分限所及。今日良知见在如此，只随今日所知，扩充到底；明日良知又有开悟，便从明日所知，扩充到底，如此方是精一功夫。与人论学，亦须随人分限所及。如树有些萌芽，只把这些水去灌溉，萌芽再长，便又加水，自拱把以至合抱，灌溉之功，皆是随其分限所及。若些小萌芽，有一桶水：在，尽要倾上，便浸坏他了。

　　　　　　　　　　　　　　　　　　明　王守仁《王文成公全书》

　　已立志为君子，自当从事于学。凡学之不勤，必其志之尚未笃也。

　　　　　　　　　　　　　　　　　　明　王守仁《王文成公全书》

　　志小不可语大人事。

　　大凡为学，须要有所立。语云："己欲立而立人"，[①]卓然有不为流俗所移，乃为有立。须思量天之所以与我者是甚底，为复是要做人否？理会得这个明白，然后方可谓之学问。

　　自立自重，不可随人脚跟，学人言语。

　　学者大约有四样：一虽知学路而恣情纵欲不肯为；一畏其事大且难而不为者；一求而不得其路；一未知路而自谓能知。

　　　　　　　　　　　　　　　　　　明　黄宗羲《宋元学案》

　　大凡学有宗旨，是其人之得力处，是亦学者之入门处。天下之义理无穷，苟非定以一二字如何约之使其在我。故讲学而无宗旨，即有嘉言，是无头绪之乱丝也。学者而不能得其人之宗旨，即读其书，亦犹张骞初至大夏，不能得月氏要领也。①

【注释】①大夏、月氏：均为汉代西域国名。张骞，汉成帝时人，建元中为郎，应募使月氏，经匈奴被留十余年。

明　黄宗羲《明儒学案》

昔之观文字，模金石者，必其好古而博物者也。今之君子，有世代之不知，六书之不辨，而旁搜古人之迹，叠而束之，以饲蠹鼠者。

清　顾炎武《亭林文集》

愚所谓圣人之道者如之何？曰："博学于文"；曰："行己有耻"。自一身以至天下国家，皆学之事也；自子臣弟友，以至出入往来辞受取与之间，皆有耻之事也。"耻之于人大矣！""不耻恶衣恶食"，而耻匹夫匹妇之不被其泽。故曰："万物皆备于我矣，反身而诚。"呜呼！士而不先言耻，则为无本之人；非好古而多闻，则为空虚之学。以无本之人，而讲空虚之学，吾见其日从事于圣人而去之弥远也。

清　顾炎武《亭林文集》